你不必成為一個好人

從令人疲憊的人際關係中釋放自己

유진명
劉珍明——著　曾晏詩——譯

chapter 1

百分之九十的幸福取決於人際關係

chapter 2 接受自己與他人的勇氣

chapter 3

溝通如何成為人生的利器

chapter 5

溝通的差異創造人生的差異

推薦序

坦誠地將自己的「壞」認領回來

蘇予昕／蘇予昕心理諮商所所長

個案阿凱告訴我：「心理師，好像只有來這裡諮商的時候才能做自己，我在現實生活中完全不可能說這些話、呈現這個模樣……」如果公司有票選好好先生，阿凱肯定可以拿第一名；但這份「好」卻讓他遭受同事的軟土深掘、主管的差別待遇，甚至連曖昧對象最終都只發給他「好人卡」。

笑臉迎人的阿凱每天回家後都很不舒服，還經常做把那些欺負自己的人都殺了的夢，醒來後繼續檢討自己，我怎麼能那麼「壞」？這樣想是不對的等等，陷入一個「這世界很過分，我也不夠好」的無盡循環。

我分享了一句長年以來自己最受用的名言：「與其做好人，我寧可做一個完整的人。」（來自心理學大師卡爾榮格）但阿凱不解地問：「到底『好』與『完整』差別在哪？難道我們要放任自己當個壞人嗎？」

如果你也好奇，到底該怎麼在「個人需求」與「討人喜歡」之間找到平衡點，這本《你不必成為一個好人》作者劉珍明將從原生家庭、職場與婚姻中的血淚體驗，提煉出最深刻的答案。

我們的成長過程中，大部分的人得面對嚴厲、擔憂與忙碌的父母，他們總是很累、很煩、連自己的情緒也不知道該怎麼辦，因此兒時還幼小的我們往往會因害怕無法反抗，而選擇隱忍下來，甚至發展出「討好」的能力，以求獲得一點點爸媽的關愛及認可。

這個能力不會因為長大就消失，更有可能越訓練越敏銳，只要瞥見老闆一個不悅的眼色，伴侶一個失望的神情，我們就自動化地開始想讓對方開心，或是對方要我做什麼，我順從照做就對了。

可是，能量不滅定理，**內在沒有被關照的情緒不會消失，而是累積在我們的細胞器官裡**，變成無法預測的未爆彈；一兩次有目的性地妥協尚且無傷大雅，但如果忍讓已變成一種常態，則會讓我們身心處處破洞，無意識地洩漏我們其實很不爽的訊息。

在書中，作者特別提出了好人經常出現的「被動攻擊型行為」，好人們常以為是對方暴躁易怒，但鏡頭拉遠後，才驚訝地看見自己其實也緊抿嘴角，一副無法苟同的表情，雖然不發一語，卻依舊能讓對方更加火大；所以，別以為只有罵人、打人才叫攻擊，嘔氣、冷處理、陽奉陰違、脫口而出不敬的話等都是攻擊的形式。

聽完我對這本書的分享後，阿凱才恍然大悟，他想起嚴格強勢的父親，從來不允許自己哭泣或表達憤怒，乖乖聽話即是最快從懲罰解脫的方式，因此他出社會後，尤其是面對老闆，就算內心再怎麼不認同，也都點頭稱是，但阿凱回想自己那個點頭的表情，其實一點都不甘願。

接著，我開始和阿凱討論，**既然我們無法永遠當好人，那就要坦誠地將自己的**

「壞」認領回來，透過這一面的情緒來認識自己，也練習接納此刻真實的自己，最終，疏通情緒後的溝通，那才是有建設性的、成人式的互動。

好人們最常使用的互動模式叫做「猜心術」，我們會用自己的理解去猜測對方應該會想要什麼，小劇場瘋狂上演，卻忘了要和別人核對。反過來說，好人們也超希望別人能猜中自己，甚至會認為「這不是common sense嗎？對方怎麼不知道？」、「他怎麼可以這樣說／做？」、「我是怕你生氣才不跟你說的，幹嘛這麼兇！」……以上這些都是因為好人太常用「自我中心」的心態猜測，導致誤會與衝突的案例。我們都不是彼此的蛔蟲，沒有人能完全理解另一個人，除非我們願意表達，以及願意專注傾聽。

作者認為，只有「溝通」能讓我們不必再當好人，卻過上更快意順暢的人生！真是令人再同意不過了，「做自己」從來就不是指我行我素，因為我們並非只要自己開心就能滿足的動物，與他人的連結和歸屬更是基本需求。

最後我也想向讀者們釐清一個觀念，溝通絕非是指撇除情緒的「理性溝通」，反而要認真傾聽自己的情緒，很推薦大家嘗試作者每天十分鐘的「溝通日記」練習：

第一步驟：描述今天遇到的溝通情景，承認內在感受到的情緒。

第二步驟：用旁觀者的角度回顧和反思自己。

第三步驟：寫下對這個經驗的領悟與感謝。

相信這本《你不必成為一個好人》能讓因人際關係而困擾的夥伴們被深深同理，獲得重新出發的力量！

前言

解開糾結情緒，重拾幸福人生

「當生命出現細微的改變，才算過上真正的人生。」[1]——托爾斯泰

有一天，一位公司同事靠在我耳邊說：「組長，請您把離職申請書的格式寄給我吧。」聽到這突如其來的要求，我頓時說不出話來，雖然想問他怎麼突然要離職，但又想他或許有難言之隱，便沒細問將離職申請書寄給他了。其實我本來就隱約猜到他應該待不久；剛任職時他總是朝氣蓬勃、充滿笑容，可是時間一久，他的表情愈來愈僵硬，還經常無力地垂著肩膀。

他辭職後，陸續來了幾位新同事，他們也都待不久。我很好奇為什麼這些新同事會接連辭職，於是開始觀察和約談他們。結果，這些人的理由都一樣——和主管溝通不良，關係出現裂痕。這讓我再次領悟到，**上班族離職的最大原因就是來自溝**

通不良所造成的摩擦。但溝通問題並不局限於職場，它就像隨時可能爆炸的火山一樣，潛藏於夫妻、家人、朋友等各種關係中。

以前的我認為，只要專注於自己，善良且誠實地過日子就好，所以並未重視人與人之間的關係和溝通。畢業後，我順利地從家裡獨立、出社會，為自己感到驕傲。那時的我確信，不管別人怎麼想，只要我夠努力，做什麼事都會很順利，也會過上幸福的日子；但不幸的是，我卻在人們認為是人生極重要的「職場」和「家庭」關係上，雙雙失利。

我以為只要努力就能得到幸福，不料溝通問題卻讓痛苦和不幸找上門。隨著人際關係每況愈下，我怨天尤人的次數也愈來愈多，沒想到要接受這樣的自己竟是如此困難。這段過程雖痛苦難受，卻也燃起我想克服現況的強烈意志。

我開始試圖去了解我的原生家庭，並練習和我的內在小孩溝通，同時也思索過

1・True life is lived when tiny changes occur.

去的溝通方式出了什麼問題。我每天埋首於學習溝通，人生也漸漸出現變化；我試著放下偏見去理解他人的言行，心也變得更寬容了。

現在的我，能直白明確地表達自己的情緒和意見，熟練地處理一不小心就可能搞砸的關係。面對初次見面的人，我可以大大方方地和對方寒暄，愉快地交流。我的人際關係變得更穩定和順利。**當人際關係變好，我對自己的生活更有自信，自尊也大幅提升。**

沒過多久，我身邊聚集了許多好人。他們真心對我釋出善意，有些人甚至送我親手做的手工餅乾，我不禁懷疑：「我真的值得擁有這份幸福嗎？」這種前所未有的體驗，讓我強烈感受到溝通的力量。過去的我不懂得與人溝通，只知道做好份內工作，是「溝通」帶給我真正的和平與幸福。

讓我更意外的是，原來身邊竟有那麼多人有溝通問題。他們大多義正詞嚴地主張自己是對的，而不想透過對話和對方改善關係，最後把自己搞得傷痕累累。我為他們感到惋惜，也想起過去的自己。

我感到惋惜的是，大家明明都會主動學英語、理財、培養興趣等等，為什麼少有人主動直面真正折磨自己的人際關係呢？即使人際關係出了問題，讓生活失衡，甚至讓自己面臨危機，還是有許多人沒想過可以透過「學習溝通」來改善現況。

東西故障或損壞買新的就好，人際關係出現的裂痕和傷口，卻無法像東西汰舊換新那般容易。唯有以「溝通」來鍛鍊和建立起來的關係，才能讓彼此更緊密相連，成為無可取代的關係。

如果你因為最近經常和他人發生衝突而討厭別人，對生活感到厭倦，或是不知道該如何解開像毛線球般糾結的矛盾情緒，或許這本書可以幫助你。看到大家為溝通問題所苦，過著不幸的人生，正是我提筆寫這本書的初衷。我真心希望大家能重拾幸福的人生，因此我在書中寫下過去克服傷痛的經歷，和這幾年來每天認真實踐的溝通學習法。

這段時日，許多人因為新冠肺炎（COVID-19）疫情深感無力或遭遇經濟困難，然而愈是這種時候，我們就愈需要好好溝通。試著對身邊的家人、朋友說句溫暖的話，真心地鼓勵他們，因為真心的溝通擁有無窮的力量，能夠為彼此帶來希望和勇氣。希望這本書能為大家打開溝通的大門，幫助各位熬過這段辛苦的時期。

劉珍明

chapter

1

百分之九十的幸福取決於人際關係

我無法自己一個人變得幸福。因為無論我是否願意，我們都彼此相連。經常為人際關係而受傷的人，會想關上自己的心門獨自過活，但是即使我們不願意，一個人也無法變得幸福。

——達賴喇嘛

為什麼大家都不懂我？

人際關係並非一加一等於二這樣答案明確的數學問題。

「珍明，我要和總公司開視訊會議，可是連不上去耶！」

「劉組長，影印機怎麼不能用了？」

我的名字一天會被公司同事叫上好幾十遍。他們只要遇到一點問題就會找我，彷彿這是本公司遇到問題時的ＳＯＰ，我就像幫他們看管行李的人，要找行李理所當然地會來找我。當他們呼喚我的時候，我總是帶著親切和燦爛的笑容出動，像超級英雄般即刻救援。

大家對我的評價都很好，說我是「最親切且笑容滿面的同事」。久而久之，無論是只需動點腦筋就能解決的瑣事，或需要請專職人員來做的工作，統統落到我的肩上了。明明我也有自己的工作要忙，卻整日像個里長伯一樣來回奔波，比其他人還要忙上兩三倍。

就這樣，我以「老好人」兼「公司英雄」的人設孤軍奮戰好多年，直到某天我一如往常地幫同事解決問題，腦袋卻像被人重擊後停止運轉，後頸僵硬，胸口發悶。「是昨晚沒睡好嗎？還是我的錯覺？」頓時我聽不清楚同事說的話，全身如同石膏像般僵直。到底是什麼時候開始不對勁，又是哪裡出了錯呢？我突然有種焦慮和被背叛的感覺，甚至還有種莫名的虛脫感。

我這才恍然大悟，原來在不知不覺間，我把自己打造成公司裡的民意代表。光是應付自己的業務壓力就夠大的了，我還被四面八方來的頻繁請求拖著走。甚至過了好幾年，我才意識到自己的狀況，真的好笨啊！

為什麼我要頂著別人看不見也不在意的光環，認為自己能解決所有人的事？我心裡一陣空虛。難道這麼做，我領的薪水就會比較多嗎？我的工作和職場生活有因

尾地了解另一個人，連生養我的父母都不可能百分之百地了解我。

「人類是被感情支配的動物」，這些道理我們都能理解，但偶爾還是會希望對方能夠無條件懂我。正如我親切無私地付出，也期待對方能同等對待我。然而，人際關係並非一加一等於二這樣答案明確的數學問題，更不是存了錢就有利息可拿的儲蓄帳戶。當我們接受對方的請求並提供協助，不代表一定會得到等值的代價或補償。就如我一直親切待人，付出好意，最後還是被別人視為理所當然。

難道對方真的無法懂我，無法彼此體諒、融洽地一起生活嗎？不是的。雖然結果不一定完美，但是我相信絕對有方法可以改善。基於這樣的信念，我開始在日常生活中進行溝通練習。我發現，其實我們不需要太過忍耐，苦等對方了解自己，我們還有很多選擇能讓事情有圓滿的結果。

「K，之前我向你說明很多次，這次請你一定要記清楚。現在是公司業務的高峰期，我分身乏術。如果你再跑來問我，我可能很難再幫你了。」

「我知道你很急，我也盡力在幫你，可是你現在對我發脾氣，不但對事情沒幫助，也讓我覺得不舒服。」

有時候你必須直接了當地向對方表達自己的情緒。剛開始一定很難，即使我練習嘗試過好幾次，也還是會遇到開不了口的狀況，呆愣在原地，甚至語無倫次。**表達是可以練習的。**你若勉強自己整日戰戰兢兢，結果要不就是情緒累積到一定程度後爆炸，要不就是持續壓抑情緒，最後終日埋怨。**不要一味迎合對方，重要的是讓對方確實明白你現在的處境和立場，以及表達自己的期許和真實感受。**相反地，試著讓對方配合你，或傳達你希望他們做到的事情。

當你不拐彎抹角，正面迎戰時，對方也會為自己的後知後覺感到抱歉，進而改變自己錯誤的行為或態度，這時衝突反而變成轉機，鞏固彼此的關係。在這種溝通方式下建立的職場關係，也比表面和平，但不知何時會擦槍走火、岌岌可危的狀態更有效率、更健康。

能夠做自己，又能和他人和平共處的溝通很重要，除了可以減少浪費精力和時間在埋怨對方不懂自己，還能讓人際關係更圓滿、健康。現在回想起來，以前我總是無條件待人親切，自顧自地戴上「好人」面具，一廂情願地付出，最後卻因此受傷，還對那些傷口視而不見，放任它惡化。

事實上，這些行為也在無意間讓對方變成自私鬼，剝奪他在無人幫助下也能自己完成工作的機會。願不願意幫忙是個人的選擇，但若能更積極地向對方表達自己的想法，情況肯定不一樣。

溝通是雙向而非單向，彼此應該適度交流。在我們責怪對方不懂我在想什麼，抱怨人際關係很難之前，是否應該先反省自己如何溝通，想想該如何努力。我們必須從小地方著手、每天練習，學習改變自己的溝通方式。我們必須一步步學習溝通的方法，學習認識自己和對方，以及在不失去自我的情況下，達到最有效的溝通。

人生的所有問題都是因「人」而起，也因「人」而終。當我開始每天學習溝通後，我不再埋怨為什麼別人都不懂我，為什麼人際關係這麼難。只要承認人際關係與人生中就是會存在想法的差異，讓自己想開一點，不逃避人際關係中發生的摩擦和衝突，試著從中學習以更寬廣的視野洞察人際關係的能力。

我想成為「擅長溝通，擁有健康人際關係」的人，而不再是折磨自己的「善良好人」。

十人中有八人不幸福的原因

我們不該分邊對立，否定或責怪彼此。

韓國社會現正面臨溝通不順利所導致的陣痛期，當政府不願和民眾溝通、當企業不願和顧客溝通，我們都清楚會出什麼亂子。雖然輝煌的經濟成長讓我們躋身經濟強國的行列，但快速發展也讓我們忽略許多重要的事。

我們太缺乏站在世代、地區、性別等多元的立場，去相互理解和尋求共鳴的機會。人們亟需「對話」的警世之音，被快速的社會變遷和複雜的利害關係所淹沒。我們既然締造了快速成長的經濟奇蹟，社會發展的趨勢更該往良好的溝通前進，可惜韓國的主流價值是以汲汲營營的二分法來衡量許多層面，導致社會大眾對彼此充滿不信任和反覆的憎恨，充斥著不安和痛苦。

根據二〇一九年「韓國保健社會研究院」的《社會整體實況診斷及因應方案》顯示，有百分之八十的韓國國民認為韓國社會對立的問題嚴重，也反映出社會存在溝通不良的問題。以二〇一八年為基準，IMF[1]公開的全球各國人均GDP[2]數據顯示，韓國名列全球第十一名。

隨著防彈少年團（BTS）和Black Pink等K-pop[3]歌手風靡國際，韓國成為以「韓流」[4]席捲全球的文化強國。加上韓國面對新冠肺炎（COVID-19）疫情的危機管理和快速應對，也讓韓國受到世界各國肯定，國家的信賴度連帶提升。然而，我們在溝通的品格上，卻似乎遠遠追不上對外嶄露頭角的各方面成就。世代、性別、職業、地區等各階層都存在著立場的差異，相互否定和責難的樣貌也一一浮上檯面。

1．International Monetary Fund(IMF)，國際貨幣基金組織，是全球性的金融機構，致力於世界貨幣合作，確保金融穩定。
2．Gross Domestic Product(GDP)，國內生產毛額，指一國家或地區於特定時間內產出的商品與勞務的市場價值。
3．Korea Popular Music，泛指韓國或源於韓國的流行音樂類型。
4．一九九〇年代末開始，韓國戲劇與流行音樂在亞洲，甚至世界各地流行的現象。英語更有「hallyu」一詞指稱這種潮流。

另一方面，資訊科技（ＩＴ）技術的快速發展，更是對惡化的社會整體關係火上澆油。ＩＴ技術無疑是把雙面刃，讓生活更便利的同時也伴隨不容小覷的副作用。科技發展日新月異，人與人之間的關係締結和溝通也產生許多變化。當ＩＴ技術的劃時代產物——「智慧型手機」登場後，許多事情都跟著改變。

人們對智慧型手機的沉迷和依賴不分世代，彷彿沒有手機便無法生活，甚至有「手機智人」（Phono sapiens）一詞的出現——宛如手機是身體器官的一部分，意指生活中無法離開智慧型手機的人類。

Z世代[5]，又稱「千禧世代」或「數位原生世代」。他們從小便很習慣於使用智慧型手機、平板電腦等數位裝置，但這一世代的代表性弱點即為溝通能力的不足。現在正是Z世代畢業後準備出社會的時間點，換句話說，我們的社會也正處於相較過去更需要努力溝通的時代。

對Z世代來說，智慧型手機就相當於社交生活，這導致他們的溝通經驗沒有上一代來得多，所以覺得和其他人交心、建立人際關係很難，也不習慣和他人的情感產生共鳴或傳達內心的感受。或許在不遠的將來，Z世代的後代必須像學習國、英、數等必修科目那樣，學習與他人親密溝通的方法。

然而，不只他們需要學習溝通，老一輩的我們也必須認真看待溝通的重要性；正如同雙手互拍才能發出掌聲，關係的建立與互動都是雙向的，無論是年輕人還是年長者，都必須重視跨世代的溝通。

不同世代在觀念上有數不盡的差異，光是「向公司請假」這件事，就可以看得出世代之間的立場和想法差異有多大。我希望每個月至少要休假一、兩天，因為法律保障我有這樣的權利，可以光明正大地請假。雖然工作很重要，但是我的個人生活和休閒時間也很重要。然而，資深的廠長卻不這麼想，有時候他還會提醒我是否太頻繁休假，或當面指責我。

回想廠長踏入職場的年代，若非萬不得已，絕對不會以個人的行程為優先考量，

5．Generation Z，指在一九九〇年代末至二〇一〇年代前期出生的人。

因為公司的排程和績效，遠比個人的休假重要，週末上班更是理所當然，至於休假或準時下班，那根本是做夢也不敢想的事。

年輕一代總抱怨老一輩干涉自己私生活的自由和權利，而老一輩卻斥責年輕人很自私、只想到自己，對工作責任感不足。因此，單從職場上的休假一事，就可以看出世代之間的想法天差地遠。在這種差異下，若不盡量理解彼此立場、努力溝通，將埋下日後隨時可能爆發衝突的種子。

隨著時間流逝，我們終有一天會成為「老一輩」，因此必須重視跨世代之間的溝通問題。誠然，我們都應該尊敬前輩們對國家經濟的貢獻，以及曾經付出的血汗；他們在某些事情上的既定立場並不是完全無法理解。

可是，若將自己的想法或主張強加於他人身上，就是倚老賣老的「老屁股」行為。至少我希望未來不會有人這麼形容我。

除了世代對立，韓國的性別對立也很明顯。從美國開始流行起來的「MeToo」運動，在韓國卻是燙手山芋。自從徐智賢（서지현，音譯）檢察官揭露檢察廳的性

騷擾事件後，讓 MeToo 運動快速蔓延到演藝圈、文學界、政治圈等。因為 MeToo 運動的加害人，主要都是社會上掌握權力的男性，一時之間，社會輿論對男性充滿嫌惡和攻擊。

對此，部分男性表示想加入 MeToo 的行列，認為性騷擾、性侵不分男女，並紛紛站出來說出自己的經歷。然而，部分女性並不認同男性一起參與 MeToo 運動。她們認為男性的加入恐怕會讓事件的本質失焦，因為性侵受害者百分之九十以上是女性，一旦有男性加入，就難以凸顯女性處於社會結構中的弱勢地位，長期遭受歧視和被剝削的事實。

MeToo 是為了杜絕性侵與性騷擾，是讓無數女性過去被迫封存的受害事實浮出水面的契機，亦是提高社會大眾對「性」議題認知的好時機。原先立意良善的活動，竟演變為男女相互指責的性別對立。我認為，社會大眾應該屏棄片面化的兩性對立、相互攻擊或扭曲事實的行為；趁此良機、順應潮流，把握這個運動的本質，解決實質問題才對。

社會由不同世代組成，也有不同性別，或相異、或相似的群體共存，各個群體的想法有所差異，對於每個事件的立場也都不一樣，因此衝突很難避免。**我們要做的是：承認彼此的不同之處，停止選邊對立，不要否定或批判彼此的行為。**

我們必須花更多心思了解和關心彼此，直到能夠充分理解對方的立場。無論是個人、企業、社會，各個層面都應當重視溝通，形成同理心和共鳴。眾所周知的是隔閡有多深，就可能陷入多大的危機。但溝通擁有強大的力量，在人們發展的所有關係中，溝通有著無可取代的價值。未來，我們必須有一套「溝通指南」來面對更多元的情況，建構以傾聽和共識為基礎的溝通環境。我們應該更常使用「溝通」這個詞彙，讓它成為重要的話題。

想要自由卻又討厭孤單

人類總在自由與孤獨之間徘徊。

我在全羅南道順天市[6]的一個鄉下小村莊出生、長大，一直住到國中畢業考上市區的高中。從家裡到我所就讀的高中，需要超過一小時的車程，考量每天往返要耗費兩個多小時的通勤時間，因此父母建議我借住市區的姑姑家。

由於房間不夠，念高三的表哥必須和我同用一個房間，即使他正處於準備升學大考這個敏感的時機，還是二話不說非常爽快地接納了我。借住期間，姑姑和表哥都對我很好，生活起居諸多照顧，但我總是覺得住起來不如自己家自在。我很感謝

6．全羅南道位於朝鮮半島西南端，順天則位於全羅南道的東部。

能夠住在姑姑家，這為我省下不少通勤時間；但是許多生活上的瑣事，還是會因為我終究不屬於這個家的一分子，而讓我有些隔閡感。

壓抑這種因借住在親戚家而不適應的心情兩年後，我在高三剛好有機會可以申請學校住宿，於是便搬進學校宿舍。住宿舍比住姑姑家自在，但相對地，團體生活有很多必須遵守的規則，例如：表定的起床、就寢時間等。因此，雖然是自己出來獨立生活，但學校的住宿生活也未能讓我享受完全的自由。

在姑姑家度過兩年高中生活，又在宿舍住了一年，三年來過著因旁人而綁手綁腳的生活，促使我下定決心：「上了大學一定要完全獨立的生活！」、「想要擁有能支配自己時間和空間的自由！」我不想再看人臉色。即使家裡經濟不寬裕，但一考上大學後，我就提出想自己在外生活的需求。即使父母建議我住學校宿舍可省下昂貴的房租，我仍然堅持己見。

歷經一番波折後，我終於展開在外租屋的獨立生活，獲得極大的自由，再也不需要在意他人、也不會被他人干涉。想看電視就看電視，想睡多晚就睡多晚，就算睡到日上三竿也沒關係，想喝酒就喝到酩酊大醉，因為沒有門禁限制，所以可以想回家的時候再回家。我在寧靜又專屬於自己的空間裡，獨享著自由所帶來的甜美果實，這份幸福讓我無比陶醉，彷彿像擁有了全世界。

只是人心難測，即使我這麼渴望獨處，想盡情享受自由生活，還是會突然感到莫名的孤寂。有時候和朋友聚會，酒足飯飽回到家後，卸下一身喧嘩，竟徹夜輾轉難眠；在網咖興奮地打玩遊戲回到家後，踏入家門，只有一室的安靜，又有種置身於陌生空間的錯覺。原本享受其中的獨處時光，不知不覺成了全世界只剩下我獨自一人的靜默。

諷刺的是，愈是熟悉自己在外的生活，寂寞的感覺愈是失控。過去我一直深信自己一個人也能過得很好，甚至覺得自己是寂寞的絕緣體。如今看來，人總要等到失去珍貴的東西，才會看清楚它所留下的空缺和它的意義。儘管和別人一起生活要注意很多瑣碎的細節，但是卻可以從彼此的對話和眼神中得到溫暖。當我和家人、親戚與朋友相處時，我們的關係充滿了感情的羈絆，以及歸屬感、親密感、安定感。

義務，只是生活方式的一種選項而已。即使是家人，還是有愈來愈多家庭因為彼此的價值觀或生活風格不同，選擇分開來住。一人家庭成為許多企業在開發新產品時的目標客群，一人家庭專用的家電或生活用品隨處可見，這種需求或消費趨勢，儼然成為社會的主流。他們可以不受任何人限制，按照自己想要的方式自由生活。

當然，也有像我一樣雖然想要自由，卻又時常感到孤單的人。一個人住可以享受自由，但是不規律的飲食、下班後獨自踏入黑漆漆的屋裡所感受到的寂寞感、不論遇到什麼情況或發生什麼問題都只能靠自己解決的壓力、身體不舒服卻沒人照顧時所湧上的委屈等等，全都得獨自承擔。

因此，為了克服獨處的寂寞和孤立，需要聚餐社交（social dining）、社交俱樂部（social club）等活動，讓一人家庭也能與他人聚在一起或共享資訊。此外，隨著一人家庭的增加，共生公寓（Sharehouse）等讓一人家庭能住在一起的居住型態，也愈來愈受到歡迎。

Sharehouse 看似與一般的套房差不多，房內有洗衣機、衛浴設備等，設備齊全。

但是和傳統套房不同的是，房內沒有廚房，廚房變成多人共用的公共空間，成為租客分享資訊或交流的重要場所。這樣的居住型態結合想自由卻又討厭孤單的人類本能，和現代人忙碌的生活風格，同時又提供人們彼此溝通的空間。

隨著現代社會中小家庭化的程度加深，讓解決與他人生活時產生的摩擦，和體驗各種溝通方式的家庭首要功能顯著降低。沒有兄弟姊妹、成長過程只有自己的獨生子女逐漸增加，人們的日常生活也愈來愈重視結合西方文化的個人主義。

雖然人們都希望透過維持人際關係中的適當距離，確保自己的私生活能得到尊重，但是大部分的人還是很清楚，人終究是群居的動物。想要自由又討厭孤單的我們，最終還是躲不掉必須花費心力和其他人溝通交流，就像當初我獨自在外租屋，本來一個人過得好好的，卻又迫切想找到能共同生活的室友。

別忘了，即使我們都渴望擁有個人時間，和其他人一起相處時依舊會感到幸福。雖然每個人都有堅固的圍籬，但是總有一天，我們都會想越過那道圍籬和其他人產生連結。

問題不在工作，在人際關係

人際關係所產生的衝突不該逃避或置之不理。

最近就業如細線穿針般困難，比起當年我初入職場時還嚴峻許多，加上新冠肺炎（COVID-19）疫情來襲，經常可以聽到就業率創下新低的新聞。看著現在二十世代的年輕人遇上經濟低迷和疫情全球大流行（pandemic），求職的過程中面臨苦戰，讓我想起十年前，自己剛進公司的樣子。

二〇一〇年大學畢業前夕，我歷經重重關卡、終於找到工作，即使別人沒特意問起，我還是開心地到處散播自己找到工作的消息。我很興奮可以成為公司的一分子，抬頭挺胸地踏出第一步，更令我欣慰的是：從此以後可以經濟獨立，不需要再向父母伸手求援。

想起第一天上班，我穿著乾淨整齊的西裝，滿心期待會負責什麼樣的工作，並想像著會遇到什麼樣的同事，內心既興奮又緊張。

作為一個新鮮人，我很幸運，遇到的同事和主管都很善良熱心，我也和大家維持不錯的關係，過著相當愉快的職場生活，負責的工作也很能發揮自己的專長。正當我滿意當前的狀態時，好運戛然而止……任職滿一年後，我因公司內部狀況，從全羅北道益山調派到慶尚南道昌原[9]。從此，我的職場生活開始急遽走下坡。

昌原的工作強度和組織氣氛，與益山截然不同。工時很長，超過午夜才結束是家常便飯，我的日常忙到只剩下往返公司和住家之間，彷彿踩著滾輪的倉鼠，每日無限迴圈。那時的我初出社會，工作還未上手，突然的人事異動，又讓我沒時間和其他同事培養感情。導致還很菜的我必須看很多人的臉色，整天神經緊繃，健康甚至因此亮起紅燈。

9．全羅北道益山市位於韓國西南部，慶尚南道昌原市則在韓國的東南端。兩地搭車約需三至四小時。

連好好睡覺的時間都不夠，更別談有什麼休閒時間，我感到筋疲力盡，漸漸產生工作倦怠。可是我好不容易才進到這間公司，工作不過才一年多而已，若是我在這裡倒下，該怎麼面對一路在背後辛苦支持我的父母呢？所以我只能撐下去。所幸時間久了，我開始適應工作，本來每況愈下的身體狀態也逐漸恢復健康。

然而，這時又出現一個完全出乎我意料之外的問題——我和主管的關係。表面上雖說是在「培養我」，但只要我的工作表現有他不滿意的部分，他就會一一挑出來指責。如果沒能按照他的標準處理工作，他就會當眾對我大小聲，毫不修飾地在每句話的話尾，掛著讓人聽了極度不舒服的髒話。

新手處理事情肯定有不成熟之處，在學習過程中的任何指教和鞭策，只要能提升業務能力，我都樂於接受。但是我認為無論對方犯下什麼大錯，解決問題的過程都不該如此情緒化。偏偏這位主管的情緒永遠凌駕於理性，發洩不夠就會口無遮攔地惡言相向。

面對主管如不定時炸彈的咆哮，我總如履薄冰、惶惶不安。他無法給我適當的評判，每每暴戾指責，讓我每天都過得痛苦不堪。

「我有必要在這間公司接受這種對待和侮辱嗎？」

「還是我乾脆明天就辭職呢？」

辭職的念頭一天內出現在我腦中不下數十次，每天早上我都在「今天不知道又會發生什麼事」的不安和恐懼中醒來，胸口就像被什麼東西堵住，難以呼吸。平常開朗愛笑的我，表情一天比一天扭曲，站在總是大聲咆哮和髒話橫飛的主管面前，我變得愈來愈畏縮。

我完全不知道該如何行動，該做出什麼反應，更別說好好表達自己的想法。面對主管的人身攻擊，我只能忍氣吞聲，束手無策。漸漸地，我對主管的埋怨和壓力累積日多，索性開始擺爛，對主管下的指令愛理不理，展開被動式反擊，甚至演變成拒絕和主管有任何溝通。我的行為更是讓主管怒不可遏，在惡性循環愈演愈烈的情形下，最終我還是辭職了。

和主管之間的衝突讓我不得不辭掉第一份工作。很多上班族也因為和主管或同事的「關係」問題飽受壓力，而選擇停職、轉職或離職，工作中最大的問題反而不在公司所指派的「工作」上。

根據韓國求職網站 Incruit[10] 的調查結果顯示，上班族離職的原因第二名為「因與同期同事或主管等公司同事而發生問題時」。跳蚤市場求人求職網[11]調查上班族的「二〇一九年新年新希望」，結果顯示第二名是「順利圓滿的人際關係」。單從這兩份調查結果，就可以知道職場內的人際關係，在我們生活中占比有多高。

究竟是什麼原因讓我們覺得，職場的「人際關係」和「工作本身」同樣辛苦，甚至比工作還難呢？單人能做的工作相對少數，大部分工作必須由團隊合作，以小組或部門為單位推動的工作更多。如此一來，成員之間在工作時的溝通和協作就更顯重要。

每個人的生活環境和價值觀不盡相同，想法和意見、建立關係和溝通的方式也有差異，這些相異之處通常就是人際關係產生困難的原因。在溝通中發生的摩擦，甚至會為工作帶來負面的影響。相反地，如果人際關係圓滿，彼此溝通順利，就能提高工作效率，帶來好的成果。

即使我們和家人長時間在類似的環境下相處，都經常因意見不合而起口角，更何況是數十年來生活在不同的環境中，只是偶然在同一個組織中相遇的同事，彼此要建立關係和順暢溝通當然更難。我們無法因為恐懼人際關係就不工作，也不能像過去的我一樣，明明工作得來不易，卻選擇以離職收場。

我們不要再因為「關係」問題在職場中過得這麼辛苦，或是衝動離職，更不要逃避人際關係中的衝突——因為不面對反而只會不斷重蹈覆徹。**人們總是習慣性地按照自己習慣的方式和他人建立關係，或處理危機狀況，**只要同樣的情況持續或者不需要改善，就會一直選擇熟悉的方法來解決問題。這樣一來，類似的狀況就會不

10．韓國的求職網站，類似臺灣的人力銀行網站。

11．韓國著名的生活資訊新聞網之一，亦提供求職服務。

斷發生，不想遇到的人就會不斷出現，解決不了的事情也會一而再、再而三地發生。

我就是血淋淋的例子。因為和主管發生衝突，所以我把找到第一份工作的喜悅拋在腦後而辭職，三個月後我找到了另一份工作，但是又遇到和前東家同類型的主管，於是第二間公司我也因為和主管發生衝突而心灰意冷。當時，我只顧著怨天尤人、滿腹委屈，埋怨命運為什麼讓我連續遇到同一種人，讓我這麼痛苦。可是，就算我再怎麼抱怨，事情仍不會好轉，反而心裡累積了愈來愈多憤恨，對任何事都感到煩躁。

我深感自己不能再這樣下去了，於是下定決心無論如何都要克服這次危機。我求助專業，接受諮商，分析我和其他人建立關係的方式是否出了問題，開始學習如何與人溝通。我這才了解到，一直以來我的溝通方式有多不成熟，並嘗試一點一點地改善。在此過程中，我和主管的關係漸漸好轉，職場生活也迅速地穩定下來。當人際關係不再成為問題，我更可以專注於工作，業務表現也變得更好。

問題不在工作，而是人際關係。如果你現在想離職是因為「關係」而不是「工

作」的話，請再給自己最後一次努力的機會。首先，你可以和我一樣，從客觀的角度看待自己如何和他人溝通，分析自己的溝通方式，並且開始學習如何改善。當你渾身無力時，補充營養能讓你活力充沛，學習溝通就好比能夠幫助你改善和對方「關係」的營養補充劑。溝通順利，關係自然而然獲得改善，所有問題也都能迎刃而解。你會發現，解決問題的答案就在自己身上。

這不是一個人獨自生活的世界

當人倒下，才會領悟到過去不曾領悟的事。

韓語「인간」這個單字的漢字是「人間」，從意譯上是「人」的意思，而單就字面上來解釋，可說是「人與人之間」的概念。從這個單字我們可以知道，人是彼此共生共存。

從原始時代起，人們為了保護自己不受可怕的動物威脅而集體生活，即使在猛獸威脅消失的現代社會，人們還是會聚在一起，計畫各種聚會或渴望成為聚會中的一分子。古代希臘哲學家阿里斯多德認為，人就是喜歡群聚互動，留下「人就其本性，是政治的動物」這句名言，一語道出人類無法獨自生活的天性和本能。

我從小在鄉下長大，三天兩頭就和鄰居家的哥哥姊姊們從早玩到晚，我們一起玩擊倒石碑[12]、放風箏、打畫片[13]等傳統遊戲，因此我的童年記憶和現在的小孩不太一樣，大多是和某個玩伴一起玩樂的連結。

我們家經常和鄰居互動。祖父每年的生日，都會邀請鄰里的老人到家裡吃飯；當村裡眾人忙著秋收時，我們也會互相支援不足的人力。等到秋收結束，冬天降臨，村民還會聚集在某一戶人家，和和樂樂地圍坐在一起烤地瓜、話家常；每逢節慶，整村的人都會同心協力舉辦宴會。

上高中後的我，有時念書累了，便和好友去遊樂場玩足球遊戲、唱歌，藉此紓壓。當我滿腹煩惱、感到疲累的時候，最依賴的就是陪著我同甘共苦的朋友們。高三那年住在學校宿舍，為了準備大學聯考，我和一群宿舍好友聚在餐廳徹夜苦讀。如果高三那時的備考生活只有一個人度過，一定會徬徨不安，多虧有這麼多朋友陪伴，我才能順利熬過那段日子。

12．韓國傳統遊戲，將小石碑立於前方約五公尺處，藉由踢石頭、用腳或肚子運送石頭將石碑擊倒。
13．韓國傳統遊戲，兩個人利用摺好的方形畫片對決，藉由大力從上往下擲，讓對方的畫片翻面即獲勝。

大學後，我獨自在外租屋。高中畢業就遠走他鄉過著獨立的生活，脫離父母的懷抱，盡情享受自由時光是多麼令人興奮的事，但是這種感覺很短暫，沒過多久孤單就來敲門，讓日子一度過得很煎熬。當我花完父母給的零用錢，經濟出現困難，我感到自己孤立無援。

如果大學四年我必須獨自面對這些困境，我恐怕無法適應學校生活，對未來感到茫然。這對從小生活在大家庭中，習慣大小事或節慶時都熱熱鬧鬧的我來說，要獨自承受那些困難確實不容易。幸好當時交往的朋友為我帶來溫暖，讓我能平順地度過四年的大學生活。因為和一群獨自住在校外的朋友朝夕相處，我才能從孤單中挺過來；當我連一包泡麵都買不起的時候，朋友爽快地邀我回家、準備溫暖的飯菜，我才能從經濟困頓中挺過來。

大學畢業後，我進入職場。因為公司聚集許多不同個性和特質的人，一起工作時難免會發生衝突，吵得面紅耳赤或說出難聽的字句。這讓我決定和同事保持一定的距離，一來避免受傷，二來能更客觀地處理工作。畢竟保持一定距離，在很多事情上都能避免發生衝突。

只是日子一久，明明我與同事相處時間很久，卻感覺愈來愈疏離，愈來愈孤單。彷彿大家都過得很好，只有我是孤零零的。這份不安促使我加入公司的社團，積極參與活動。或許我之所以覺得辛苦，並不是因為工作內容，而是沒有能夠一起共患難的同事或朋友。

當時的公司位在我從未去過的陌生都市，在那裡我沒有熟識的人，附近也沒有任何朋友。就在承受不了寂寞，渴望多和人相處的情況下，我毅然決然加入登山同好會、保齡球同好會，且待了好幾年。在社團裡，我遇見各式各樣的人，享受相同的興趣，同時也逐漸適應陌生的城市，讓倉皇不安的心得以穩定下來。

回想我從小到大的人生，不論開心或難過，總會有人陪在我身邊。即使我想完全獨處，或和人群保持距離的時候，到頭來我還是待在人群之中。即使我討厭別人干涉我，堅持要有獨處的時間，我還是認為人不可能永遠在這個世界獨來獨往。

聖修伯里在《戰鬥飛行員》（*Pilote de Guerre*）裡寫道：「當人倒下，才會領悟到過去不曾領悟的事。人類是一團關係的集合體，只有關係才能讓人類活著。」雖然我對自己的健康很有自信，但事實上我幾乎每隔幾年就會生一場大病。印象中，我大多只有自己一個人，在無人幫忙的情況下吃藥、療養，所以內心總有個渴望：希望有某個人能在身邊照顧我。

一個人無論再怎麼堅強，再怎麼習慣獨自生活，走到絕境時或生病時，還是會懷念起有人陪伴在身邊的時候。懷念某個人溫暖的照顧，或某個人短短的一句話成為自己重新站起來的契機。

人一出生就無法靠自己一個人活下去。從遠古以來便一直是群體生活的人類本能，讓我們能夠和其他人共生共存。現代人與人之間的衝突和對立既複雜又激烈，人們疲於應對不斷反覆的摩擦，往往想遠離人群或選擇獨自生活以求解脫。人生在世，任誰都會有這種經歷，我不會否定這段時期的存在，可是與人同行的生活很難，獨自生活的世界也絕不容易。當我們靜靜回想人生的來時路，那些難以忘懷的痛苦時刻，絕對不會只有自己孤單一人。因為有身旁那個人的陪伴，我們才能挺過低潮，獲得重新振作的力量。

人因人而受傷，最後也會因人而治癒；人生中他人帶來的喜怒哀樂，最終都會讓我們成長。人與人的溝通和交流所產生的相互作用，就是關心、照顧、同理、愛，這些都會成為讓我們人生過得更好的原動力。雖然這個世界進步到讓一個人生活也很方便，但是請你記得，這不是一個能人獨自生活的世界。

「不通」終究會「痛」

不通，有一天會完全改寫你的人生。

許浚編纂的醫學經典《東醫寶鑑》記載：「通則不痛，痛則不通。」意思是「若氣血通暢就不會有病痛，而身體有病痛，一定有氣血不順的問題」顯見氣血的通順與否，代表我們身體的健康狀況。

人體所有的血管首尾相連可長達十萬公里，血管密布於我們體內的各個角落，讓全身血液能正常循環。血液透過血管將必備的營養素和氧氣運送給全身的細胞，並殺死入侵體內的細菌，增強保護身體的抵抗力。如此重要的血管一旦堵塞，就會大幅提升罹患心血管疾病或阿茲海默症等重大疾病的機率，甚至增加死亡風險。因此，我們平時便應該注意飲食和生活習慣，來維持體內各處的血液都能順暢流通。

若將人所生活的社會比喻為身體，連結人與人的關係，就是分布於指尖、腳尖，細微又廣泛密佈的血管。社會的血管暢不暢通，取決於在社會上的我們溝通是否順暢。人體的血管若是堵塞，很難無病無痛，而人和人之間的交流若是困難重重，社會整體的生活想必也充滿阻礙。

那麼，「溝通」究竟是什麼？溝通的韓文在字典中的定義是「通暢無阻[14]」，而溝通順暢就是指對話能夠順利交流。因此我認為「通則不痛，痛則不通」亦適用於我們與他人的溝通，當溝通順暢時，我們與他人的關係愉快，心裡自在，身心壓力減少，自然也比較健康。

相反地，**如果人際關係不佳，人便會感到鬱悶，和他人相處時也會感到不舒服，萬病的根源——「壓力」**自然隨之而來。壓力如果太大，焦慮、不安、頭痛、失眠、憂鬱等症狀就會找上我們。如果不能及時調節，就會惡化到需要靠藥物和醫學治療

14．韓文的「溝通」一詞在韓語所使用的漢字為「疏通」。

的地步。

任職第二間公司的期間，我有好幾年的時間和主管溝通不良。這種狀況讓我得了心病，對身體造成很大的影響，只要一上班我就感到頭痛、心悸，且積年累月為失眠所苦。當時的主管，主觀意識很強，對於自己的想法或意見從不讓步。這種特質在決策或執行面上是不可多得的優點，然而很多時候明顯是錯誤的事實或主張，他卻仍然堅持己見，強迫大家執行自己的想法。即使我是經過深思熟慮、好不容易鼓起勇氣，向他提出某個主張不適合或論理不足，他也會不斷挑我語病，強迫我必須一切按照他的想法。

甚至，他會在大家面前毫不留情地對我提出的意見嗤之以鼻，明擺著忽視。某次我提議：「往年公司的員工團結大會[15]都只是去爬山，今年要不要換個不一樣的活動，一起去看場球賽之類的？」話才剛說完，我的主管便大聲喝斥：「你有沒有腦啊？看球賽算哪門子的團結大會？」完全不顧及我的尊嚴，一直以來總是用這種方式和我對話。平常若我犯了錯，他就會把我叫到他的座位前，公開、大聲斥責我，一罵就是幾十分鐘，音量之大讓所有同事們都能聽得一清二楚。

這種情況反覆發生，我也愈來愈不敢坦白說出自己的意見，心想：「反正說了，也只會被挖苦吧！」因而無法如實表達自己的想法。又因為經常被當眾指責，所以我不只看主管的臉色，也看同事們的臉色。巨大的羞恥感，讓我的自尊跌到谷底，變得畏畏縮縮，總是害怕要是又因為犯錯被指責該怎麼辦。

「溝通」要從能自由表達自己的想法和情緒開始，但是如果反覆遭遇上述的情況，光是從遠方聽到主管的聲音就寒毛直豎，驚惶失措，哪怕只是暫時見個面，可能還是會想盡力可能地迴避主管。

一般人待在公司上班的時間，約占一天的十小時，如果還要每天和讓自己感到緊張和不自在的同事或主管相處這麼長的時間，簡直與地獄無異，世間還有比這更痛苦的事嗎？**每天早上起床，我都心驚膽顫地準備上班，就像是被拖去屠宰場待宰**

15．相當於臺灣企業的為了提高員工凝聚力所舉辦的運動會、園遊會或家庭日的活動。

的牲畜一樣……

另一方面，如果家庭和諧，或許整個情況會有些不同。我忍不住想，假使當時我與妻子的關係良好，那麼即便職場生活辛苦，一定也能相互扶持，感受到莫大的安慰。但不幸的是，職場上主管帶給我的緊張和不安，最終延燒到了我的家庭生活，連帶婚姻也蒙上了一層陰影。

二〇一八年十月，父親生日當天，我和妻子搭火車返回順天。途中，妻子隨口抱怨一句「從牙山到順天探望父母太遠了」聽到她說的話，我心想：「我們都已經在路上了，有必要說這種話嗎？」

我一年平均會自駕回順天三到四次，從來都不覺得牙山到順天的距離太遠，何況這次我們還是搭乘大眾運輸，比起自駕的時間更短，實在難以理解妻子為何突然不滿。可是，在那個當下，我擔心直接說出自己的想法，只會造成不必要的爭執，於是把原本想說的話往肚裡吞。

雖然我很好奇，一度想問妻子：「妳今天是怎麼了？是不是有什麼事情讓妳不開心了？」但最後我決定把妻子的話當耳邊風，不做任何回應。抵達順天後，大家都享受著慶祝生日的愉快氣氛。十五人左右的至親好友聚在一起，吃著美味的牛胸肉[16]，聊得非常熱絡，但是妻子的臉色卻始終很難看。

餐敘了兩小時左右，在返回牙山的路上，妻子又帶著不滿的語氣抱怨，這麼多人聚在一起吵吵鬧鬧，搞得她心力交瘁。但說實話，所有人的家庭聚會不都是親朋好友聚在一起，邊吃飯邊聊聊彼此的近況嗎？這麼理所當然的事情，有什麼好生氣的呢？又不是請妻子準備餐點，讓她獨自辛苦，席間也沒有發生什麼讓人不開心的事，我實在無法理解她為什麼不開心。

因為妻子發牢騷的語氣，讓我跟著生起氣來，也不願站在她的立場、替她著想，「究竟是什麼原因，讓她感到這麼不舒服？」

這次事件成了我們婚姻的分水嶺，在此之後我們又經歷了各種摩擦，沒有一天

16．牛腹部和靠近牛肋處，帶有筋、肉、油花的部位。瘦肉偏多，是韓式料理中煲湯、燉煮、紅燒的首選，例如常見的辣牛肉湯，多選用牛胸肉。

安寧。雙方的想法差異經常擴大成情緒爭執，不安和緊張日復一日。這樣的生活持續好長一段時間後，我們對彼此的行為都很敏感，無論是上班在公司或下班回到家，到哪裡都讓我深感疲憊，面對妻子時更是如坐針氈。

妻子也因為無法和我溝通而倍感壓力，甚至影響了身體健康。某天，妻子陰道因為不明原因出血。她是個生性敏感的人，可想而知當時她獨自承受的壓力有多大。我擔憂地帶她頻繁就醫，聽說葛根汁可能會對她的病情有所幫助，也特別為她準備。然而，妻子的症狀一直未能改善，身體愈來愈衰弱。

這樣的生活讓我們兩個身心俱疲，最終為了彼此，只能選擇各走各的，我們的婚姻就此畫下了句點。這就是「不通」帶給我的切膚之痛，無論是職場還是家庭，全都「不通」，結局使我痛徹心扉。

職場上的不通，我只能啞巴吃黃連。心裡有苦卻無法隨意向人傾吐，咬牙硬撐下來得結果就是，隨著時間更迭，我不安的症狀也愈發嚴重。家庭上的不通，讓我在離婚後依舊像坐蹺蹺板般，不斷在自責與埋怨妻子之間擺盪著。

每天都在心裡反覆懊悔數十次，什麼事也做不了。最後，危機意識告訴我：「再這樣下去，搞不好我會死掉！」於是，我接受了人生第一次的心理諮商，還到韓醫院[17]看診，煎了昂貴的藥來吃。我四處尋找專家，接受了催眠治療、能量治療、內在小孩治療法（Inner Child Therapy）等，嘗試任何有幫助的治療方式。

如今的我，雖然每天靠著學習溝通，克服了溝通障礙。但是當時的我，確實慘不忍睹。人雖活著，卻像行屍走肉。終日憂鬱，身心頹廢。縱使我非常努力去壓抑、忍耐、吞下從公司和家庭中感受到的壓力，但是身體卻撐不下去，本來當下就應該發洩出來的情緒和壓力，全都結結實實地累積在身上。隨著健康狀況惡化，日常生活也跟著崩潰，自己的人生也跟著風雨飄搖。

血管被代謝的廢物堵住，會引發心肌梗塞或腦中風，人與人之間的關係或對話也是如此。如果不暢通，被忽視的情緒壓抑在體內，就會導致活力降低、阻擋血氣

17．韓醫為韓國傳統醫學，結合中醫和朝鮮本土療法，發展出其獨特的醫學之道。

認為自己很關心周遭的人。

如果用最近的流行語來說，我的路線應該就是表面木訥，裝作不在乎地照顧他人的「傲嬌」風格吧。那時候的我，對這些評價不以為然，直到我學習溝通之後，我才發現：我自認為照顧他人的行為，與其他人評斷我的表現，這兩者的基準完全不同。

大學畢業後，我旋即踏入職場，當了好幾年的上班族。職場上認真工作固然重要，但是與同事間的交流也不能輕忽。有些同事為了和大家維繫親密的關係，舉凡生日、情人節或巧克力餅乾棒節[18]等節日，都會特別準備小禮物分送給大家。我本來就不喜歡這些活動，當然也不會特別準備。因此，每到這些節日，我都是收到同事準備的禮物，卻從未主動送給別人什麼，這讓我覺得很難為情。

有一年我生日時，同事們突然拿出插著蠟燭的生日蛋糕站在我面前，讓我一時之間無法置信、目瞪口呆。一問之下才知道，這是主管和同事為我準備的生日驚喜，大家還幫我唱起生日快樂歌。儘管當時的我，表面上看起來很尷尬，但是內心非常感動。我沒想到，平常對我頤指氣使的主管，竟然會幫我慶生！平常的我，單單是和主管短暫聊天都會感到壓力百倍、十分尷尬，可是那天的我們相談甚歡，氣氛格外自在。而其他同事也讓我覺得特別親切，整個辦公室的氣氛好像一下子變得溫和了起來。

從那天起，我了解到，**一點小小的關心和表現，也能在內心激起意想不到的波瀾。**身為公司的主管階層，主動替下屬慶祝一年一度的生日，實在不是件容易的事情。即便是同組的同事，也沒有義務非得幫我慶生；對話中偶然聊到生日，如果不特意記住和確認，很容易就會忽略。更不用說，精心籌備生日驚喜、考慮壽星的喜好準備蛋糕等，不僅得花費時間、金錢，還得付出熱情，投注許多心力。

這時我就想起大學同學一直以來取笑我「不經心」，說我對身邊的人漠不關心。現在想想，只不過偶爾打電話問問朋友過得好不好，就自認為是付出關心，那時的

18．「빼빼로 데이 Pepero Day」，每年的十一月十一日，以巧克力棒餅乾象徵成雙成對。一開始是韓國商人創造的節日，久而久之卻成為韓國通俗特有的情人節，韓國人會購買巧克力棒餅乾贈送給心儀的對象來告白。

利，在工作上若有所請求也變得更容易。慶生籌備、紀念日的小禮物雖然不等於一切，但是一小包糖果和巧克力餅乾棒的力量，絕對出乎意料。

加藤諦三在《打開心房：使溝通更容易的心理學》（話したらラクになる心理学「心の通路」の開き方）提到：**「不懂得溝通的人，他們最大的問題就是——不懂得關心他人。」**也就是說，**漠不關心是阻礙溝通的頭號敵人**。我開始學習溝通之後，回頭檢視自己過去的行為，朋友之所以叫我「不經心」，正是因為我總是一副毫不在意的樣子，對別人也從未表達過自己的心意。

只在心裡頭擔憂或在意，表面上卻不顯露出來，對方永遠無法知道你的意圖和真心。表達關心有助於掌握對方的情緒或心理，也就能和對方應對自如。當我們愈是表露出自己的關心，對方也愈能敞開心胸靠近。彼此的關係連結愈多，愈能增添溝通的溫度。

現在的我，已經擺脫「不經心」的標籤。對家人、親朋好友、同事來說，我成了「可親的」人，也是在對的時機會傳達由衷問候，比一般人稍微「思考周延的」人。

或許有些人會想：「光是顧好自己就夠忙了，哪還有餘力關心別人？」是的，我也曾有這種想法，也曾經歷過這樣的時期。但是，我們生活在這個社會上，確實很難避免遇到其他人，不是嗎？

生活中遇到的人愈來愈多，需要溝通的次數也隨之增加。有句話說：「逃避不了的話，就享受吧！」既然逃不開那些必然要建立的關係，也躲不掉必須維持聯絡的各種人，不如就和這些不得不一起同行的人，建立更愉快又更有活力的關係吧。只要表達出小小的關心，累積久了，在重要且關鍵的時刻，那份關心就會像迴旋鏢一樣回到自己的身邊。

每個人都希望自己能得到他人的關心和關愛，小小的關心也能結出偉大的果實。

曾經我對一切都「不經心」，卻在意外收到蛋糕禮物後，開啟了這麼多的改變。

chapter

2

接受自己和他人的勇氣

愛是理解與我們的感受、生活價值觀不同的人，並為他喜悅。愛不是去愛和自己相像的人，而是踩著喜悅的橋梁靠近與自己過得截然不同的人。愛不是否定異己，而是擁抱我們之間的差異。

——尼采

溝通，到底該怎麼做呢？

其實，事與願違的時候更多。

溝通，到底該怎麼做呢？這個問題問得容易，卻很難馬上給出一個答案。就好比我們想開始做一件事時，總是千頭萬緒，不知道該從何著手。溝通的方法也有很多種，該如何從中挑選最適合自己的方法，如同手中只有一筆資金，卻要在眼花撩亂的投資項目中選擇一項投資般困難。

剛開始我也很茫然，經過幾番苦思後，我決定應該一步一步了解，不要一開始就想得到所有的答案。溝通的起點，從了解自己開始。

現代社會總是要求不斷溝通，在家庭、職場、書籍、媒體等領域中，也都會有意無意地接觸到溝通這件事。我們為了得到社會認同、不落人後，總是希望能在關係中做好溝通，但並非所有事情都能如願。

「我也不知道我自己在想什麼！」

「我無法和我老婆（老公）溝通！」

「我實在無法理解為什麼李部長[20]總是叫我做這些無意義的事！」

這些話在日常生活中並不罕見，雖然對象不同，但共通點都是因為溝通出現問題，讓人感到疲憊。

隨著科技發達，我們能藉由智慧型手機，一手掌握全世界，各種社交社群平臺也如雨後春筍般愈來愈多。然而，儘管溝通管道爆炸成長，我們的溝通能力是否也跟著成長的速度同等精進呢？非常遺憾的，我認為並沒有。大多數人仍時常哀嘆：

20．韓國職場中「部長」，相當於臺灣職場的經理、處長，掌管一部門的部門主管。

的意見，說話和行為也比以前冷靜。

我和主管的關係變得不一樣了。當我和主管能夠和平溝通，一切也穩定了下來。當我們能夠維持適當的距離，也開始能相互尊重。這樣的結果完全出乎我意料之外。**找到溝通不良的原因後，我只是改變自己的心態和態度，竟然也讓主管有了一百八十度的轉變，甚至是我極為樂見和渴望的樣子。**

一般而言，公司在制定未來戰略的時候，必定會進行企業的內部環境和外部環境分析，找出優勢（Strength）、劣勢（Weakness）、機會（Opportunity）與威脅（Threat）因素，並以此為基礎建立經營策略，這就是「SWOT」分析。藉由SWOT分析來強化優勢、彌補劣勢、活用機會、抵擋威脅。

SWOT分析可說是企業在制定未來戰略時的必備作業。正如企業在制定適合的戰略前一定會執行SWOT分析，溝通也是如此。溝通領域的SWOT分析，目的就是為了「更了解自己」。

為了更了解自己，首先要檢視自己的家庭環境和成長過程，小時候和父母建立的關係和溝通方式，會對成年後生活造成莫大的影響。像我一樣接受諮商引導，掌握自己的優缺點是方法之一，或試著把自己在何種情況下會感受到什麼樣的情緒寫下來，持續與自己對話，找出自己真正想要的是什麼。

我們需要先和自己溝通，慢慢認識自己從未發現的一面，試著更深入探討和思考自己所說的話和做出的行為背後的原因是什麼。**專注於自己當下的情緒和心情，而不是事情發生時他人做了什麼事或做出什麼反應。**當你能夠和自己順利地溝通，就更有餘裕了解他人和產生同理心。和自己維持良好的關係，才能為自己與他人的溝通帶來正面的影響。

市面上雖有很多自我開發的書籍，但是並非所有人按照書上說的去做都會成功。因為能力、環境、個性等條件因人而異，千篇一律的自我開發方法不可能適用於每一種狀況，我的蜜糖也許是你的毒藥，不適合我的衣服或許很適合別人，和我心靈契合的人或許和別人一點也不對盤，每個人都有最適合自己的溝通方法。

如果你在煩惱該從何著手學習溝通，那麼不妨先從關心自己、了解自己開始吧！

將自己的情緒好好運用在增強溝通力量的戰略上，練習慢慢地彌補自己的弱點即可。

俗話說：「好的開始是成功的一半。」了解自己的旅程，是尋找最佳溝通方式的捷徑。好好了解自己，就是溝通最好的開始。

你其實沒那麼了解自己

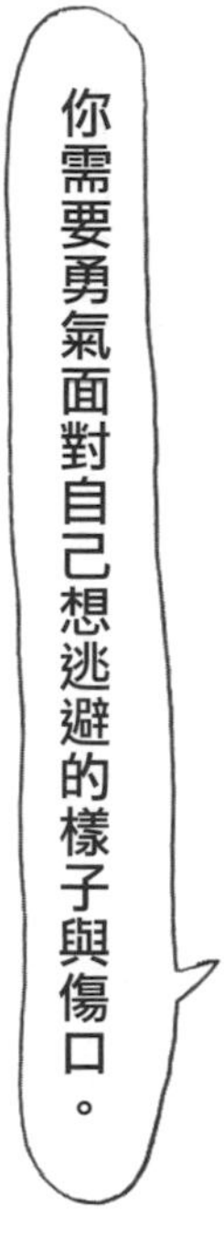

約莫是二〇一八年的秋天，我的日子過得很安逸，有時候甚至平靜的有點無聊。雖然沒有發生任何大事，但是我卻感到極度不安，覺得需要做出什麼改變。某天，我讀到一本令我感觸良多的書，促使我決定加入作者經營的 Naver Cafe[22]。我申請和作者一對一諮詢，她讓我接觸到指導課程中，將夢想、未來展望、使命變成文字，轉換成夢想清單、未來展望宣言、使命宣言，以及透過視覺化製作「夢想板」[23]的

22．韓國入口網站 Naver 的服務之一，類似網路論壇。

23．Vision Boar，運用視覺化「預見畫面」的效果，讓人們將夢想具象化、圖像化，藉由不斷看見的刺激反應，促使行動者一步步實現目標。

活動。

在一對一指導後，我按照先後順序執行計畫好的任務，意外地發現我似乎不太認識我自己。在寫下三十項夢想清單後，我驚訝於自己是如此渴望達到時間和財富上的自由。我喜歡學習新知，也對自我開發很有興趣，卻做夢也沒想到，要挑出三十項作為夢想清單竟然這麼困難。

我花了一些時間思考自己的過去、現在、未來，逐一填滿清單。這份夢想清單並非是想要完成什麼遠大夢想的目錄，對我來說，它更像是心靈地圖，告訴我：我真正想要的是什麼，想走的方向在哪裡，它也是讓我聆聽內心的方式，思考現在的我缺乏什麼，正在煩惱什麼，把不易察覺的無意識寫成文字，填滿這份清單。

我做過各式各樣的性格測驗，也做過心理諮商。因為我曾經認真探究過自己，所以原以為我很清楚自己大概是什麼樣的人。然而，當我把想達成的目標、想擁有的東西，整理成三十項清單後，我發現文字裡的我，和平常我認為的自己並不一致。這個契機讓我重新認識非典型的自己，以及內心的各種不同面向。

我想起上指導課程前，和作家面談了兩個小時。她問我這輩子有過什麼痛苦的經歷，我回答：「似乎沒有」，她聽到我這麼說卻露出有些訝異的表情。她對我說：「其實你可以坦白說出來。」當時我不明白，現在好像知道為何她會這麼說了。**每個人都想把複雜的情緒和軟弱的一面隱藏在內心深處**，我從未對任何人開誠布公地說過自己的故事。或許當時我的回答被她看穿了，畢竟傾聽是她的專業，我無關痛癢的答覆只是被她發現我強裝沒事、故作輕鬆。

小時候，當父親喝得醉醺醺回家，全家人都很害怕，只是在一旁看他的臉色，母親面對他的暴怒也不敢表露出心裡的情緒。那時候我很不安，我擔心母親會出什麼事，又怕她因為太痛苦而離開。母親有好長一段時間有莫名的心病，我認為都是父親的錯，我憎恨他讓母親受苦。我的童年沒有一天安穩的日子，長期都處在不安和焦慮之中。

當作家問我這輩子有過什麼痛苦的經歷時，雖然我馬上就想到我的童年，但是我仍淡定地回覆：「我過得很一般，沒遇到什麼問題。」那時候我認為那種程度的痛苦和傷害沒什麼大不了的。接著她又問到工作狀況如何，我回答大致上都還不錯，好像我已經忘了自己曾經歷過的那段痛苦時光。就連她問到我的婚姻生活，我的回答也一樣不痛不癢。於是，她對我說：

「人其實沒有想像中了解自己，即使了解也可能選擇不說，因為我也曾經如此。但事實上你輕描淡寫地說一切都沒關係，並不會真的沒關係。我認為您需要花時間和自己溝通，一點一點地了解自己。」

當時她的話讓我有些驚訝，如今我漸漸明白了。是的，如她所說。當我說著一切都沒關係，實際上只是在逃避童年的傷痛和內心的匱乏。雖然我自認為日子過得還不錯，卻不過是用各種藉口暫時遮蓋未癒合的傷口，其實我的內心還存有消化不了的情緒和沉痾已久的心結。

我嘗試著認識自己，了解自己過去不曾注意到的行為模式。例如：我很少生氣、總是附和別人、從不表達自己的意見、對其他人過分親切等，這些都不是我的真面目，而是我害怕和別人起衝突或感情出現摩擦，所做出的防禦性行為。

我討厭和別人起衝突，彷彿強迫症般讓我更努力達到別人的要求、解決他們的問題。可是我從未好好關心自己真正的需求，也沒有仔細傾聽過內心的想法。因為我總是把焦點擺在別人身上，為了表面和諧而過度在意別人的想法。

藉由了解自己，我終於發現自己的問題出在哪裡，為什麼我總是刻意避免衝突，或是在選擇逃避責任，根本的糾結是我從小無法面對總是破壞家庭和平的父親……在重新了解自己心理狀態的過程中，我也慢慢親近與接受自己不同的面相。

我看見被我關在防禦高牆內的自己，總是下意識想逃避或壓抑情緒的自己，明明我的內心就在吶喊，可是我卻一直沒意識到，總是害怕別人會討厭我，假裝一切都沒關係。

我開始花時間重新審視目前所認識的自己，開始關心自己真正的情緒、而非假裝出來的情緒，也開始靜靜傾聽被我說出來的話和做出來的行動遮擋住的真心。當我可以正視原原本本的自己，我和別人的溝通也變得更自在了。

我們都需要勇氣面對自己想逃避的樣子，需要時間擁抱自己的傷口、了解自己。

如果別人看到的我，和自己看到的我有很大的差距，就必須學習溝通這門學問。試著自己提筆寫下，到底自己的希望和想要的是什麼。當你清楚認識到自己的陰影，就不會誤會對方說的話或行為，也可以更從容地看待關係中的摩擦。

你不是被困住，而是作繭自縛

只要改變想法，陰影也能轉化為讓自己成長的機會。

美國經典電影《心靈捕手》於一九九八年第七十屆奧斯卡金像獎，獲得九項提名，最終榮獲最佳編劇獎和最佳男配角獎。電影裡的男主角威爾，住在波士頓貧民區，平時在麻省理工學院內擔任清潔工，卻擁有天才般的智商。他從小在育幼院長大，因為童年家暴的陰影，讓他形成邊緣性人格（對人際關係、自我形象、情感表現極為不穩定，且容易衝動）；他關上心門，過著自暴自棄的人生，直到他遇到心理學教授尚恩，才一點一點打開自己的心房。

《心靈捕手》中最讓我印象深刻的場景是，威爾讓自己心愛的女友史凱拉離開。史凱拉為了念醫學院，向威爾提議一起去加州，但是威爾卻因為年幼時遭到父母拋棄成為孤兒的陰影，無法敞開心胸接受女友的愛。威爾害怕女友也會向父母一樣拋棄他，於是說謊自己根本不愛她，拒絕和她一起去加州。明明很愛她，卻心口不一，放手讓她離開。

每個人都可能像威爾一樣，有生命不可承受的難言之隱，過去的傷痛讓自己看不見眼前珍貴的事物，也讓自己錯失邁向光明未來的機會。**大部分的人都習慣隱藏自己的傷口，而非展露出來和選擇治療，甚至很多人根本沒意識到自己有傷。**

如果想要治好傷口，就必須直視它的樣貌。回想痛苦的記憶，且以客觀的角度分析，這並不容易，也很痛苦。多數人之所以選擇逃避或隱藏，就是因為害怕再次受傷，即使事情還沒發生也會感到恐懼。就像電影中的威爾，明明深愛著女友，卻還是選擇放手。

雖然我和被拋棄的威爾不同，但是我的童年也在我身上烙下深深的傷痕。父親幾乎每晚都酒醉回家，平時不喝酒的父親，沉默寡言又木訥，可是酒過三巡後，平常穩重的樣子就消失得無影無蹤。

酒醉的父親會大聲咆哮，把家裡弄得一團糟。有時發起酒瘋，連打十幾通電話給認識的人，反覆嘟噥著同樣的話。家裡沒人能阻止他，就連祖父也不敢貿然阻止幾杯黃湯下肚就失控的父親。總是等到父親鬧了好幾個小時，自己累倒了睡著後，我和母親才敢放鬆。

父親更是經常打完十幾通電話後，硬是把正在睡覺的母親叫醒，對著母親大發脾氣。當時年紀還小的我，非常害怕生氣大吼的父親。面對情緒激動的父親我什麼都不能做，但是我也絕對不會離開害怕地縮在角落的母親，因為我怕有意外發生。當時我唯一想的就是要保護母親。

「我不要像父親那樣生氣！」

「我不要像父親那樣大吼大叫！」

「我不要像父親那樣喝酒。」

我在心裡不斷下定決心不要像父親那樣，最後卻讓我成為一個「不生氣的人」、「不大吼大叫的人」、「為了不犯錯而壓抑欲望的人」和「不擅長表達情緒和想法的人」。我身邊的人總是說我的個性正直，安靜穩重，乖巧有禮。童年和學生時代的人際關係只局限於朋友或家人之間，暫時沒什麼大問題，可是出社會後，人際圈擴大，情況就變得複雜了。

進入職場後，我在公司認識更多人、遇到更多從未遇過的個性類型，我原本的個性就讓問題暴露出來。遺憾的是，我在第一間公司就遇到和父親一樣易怒、又習慣大聲咆哮的主管。這時，我內心那個受傷的孩子就像被啟動了開關，下意識地把主管和父親的形象連結在一起。因為我總是逃避、拒絕與父親相處，所以主管說的每句話、每個舉動都讓我感到不舒服和厭惡，總是想抗拒他的命令。

或許是因為我從小就不斷告訴自己，不要像父親一樣發脾氣，所以不知道從何時起，即使心裡湧上憤怒或煩躁的情緒，我也覺得應該忍下來，習慣性地把衝上來的情緒使勁地往下壓。即便我遇到不合理的事，在許多人眼裡明明應該要生氣，我卻反應不過來，沒意識到「我應該要生氣」。**有時候我還會懷疑，我究竟有沒有「生氣」這種情緒。**

記得某一天，我在公司受到不合理的對待，主管看到我沒生氣，便挖苦地說：「我都要氣瘋了，你卻一副無所謂的樣子？」明明該生氣卻沒生氣的我，不，正確地來說，**無法生氣的我就像故障的水龍頭，因為水管堵住，所以水出不來。**

我不只無法生氣，就連喜悅或悲傷這些情緒我也不擅表達。大家都說猜不到我心裡在想什麼，或是話中帶刺地開玩笑，覺得我有時候深沉得可怕。因為我不太即時表露自己的情緒或明確地表達自己的意思，導致別人會誤以為我對於現況漠不關心，沒有責任感。久而久之，我也愈來愈難和其他人進行真摯的溝通與交流。

許多像《心靈捕手》的主角威爾，或我的情況一樣的人，都會因為過去不斷遭遇的傷痛，不知不覺在內心埋下不安或恐懼。這樣的陰影通常會伴隨鮮明的視覺形象，而儲存成長期記憶，不斷地折磨我們。如果克服不了，我們就會為自己設限，時不時啟動防衛機制。然而，陰影可能讓人不敢前進，也可能是成長突破的機會。

英國康橋大學的大衛・格林伯格（David Greenberg）博士為了理解共感能力和陰影的關係，透過「亞馬遜土耳其機器人」[24]實施一項問卷調查。問卷中，測完人們的共感能力指數後，便會詢問作答者的童年是否經歷過家人或朋友的死亡、父母離異或身體暴力。有趣的是，結果顯示童年有陰影的人具有較高的共感能力。

正如格林伯格博士的調查結果顯示，**有陰影的人如果能成功克服傷痛，就有機會成為共感能力高的人**。你不需要因為心中的傷痛而持續畏縮，或是把自己關在陰影裡。反而可以根據自己痛苦的經驗為基礎，去了解更多人的內心世界，和他們產生共鳴。

曾經，我和威爾一樣，把自己牢牢困在陰影裡。因為我無法克服童年的陰影，所以在人際關係上屢屢受挫。可是當我遇到人生重大危機時，我開始每天學習溝通，靠著自己的力量一步一步走出禁錮我的牢籠。當我克服了傷痛，考驗就變成了祝福，變成新的機會，讓我能夠為那些和我一樣把自己困住的人，提供些許的幫助。

沒有人能把我們關在房間裡，門沒有上鎖，隨時都可以走出去。**擁有這個房間**

給了我們機會去了解擁有類似房間的人，它不是用來囚禁自己的牢籠，而是可以作為安慰某個人，讓他得以休息的空間。每個人都有自己專屬的房間，你可以決定這個房間的轉變。希望這個房間不會讓你孤單地蜷縮起來，反而能讓你溫暖地迎接某個人。

24．Amazon Mechanical Turk，群眾外包平臺。委託者（requester）將手邊需要仰賴群眾力量完成的繁瑣工作，透過該網站發包，再有意願的工作者（turker）完成。

度量大，直到現在我們也還是好朋友，只是當時幼稚的青春回憶，現在想起來還挺羞恥的。

當時的我，既衝動又不懂得表達情緒，只顧著隱藏自己的想法。因為那點微不足道的自尊心和狹窄的心胸，讓我顯得窩囊又小心眼。如果當時我能坦白地告訴朋友：「其實我喜歡那個女生，我看到你和她玩得那麼開心所以很嫉妒。」事情會怎麼發展呢？或許朋友會成為我獨一無二的援軍，積極幫忙撮合也說不定。至少不會兩人大半夜，莫名其妙打了一架。

現在想想，把這句話說出來到底有多難？是什麼原因，讓我選擇瞞著好朋友，悶在心裡獨自煎熬也不願意坦誠說出來？因為我不夠坦率，差點就永遠失去一位好朋友。我想向那個女生告白，卻說不出口，也或許是煩悶的心情讓我把朋友當作出氣筒了吧。我當時的行為那麼懦弱，是因為覺得自己沒有勇氣告白很丟臉，所以才想把一切都歸咎於外在因素。

壓抑久了的情緒若突然爆發，可能會讓彼此的關係出現裂痕或產生誤會，最後導致關係斷絕，這種情況其實比想像中還常發生。因此，**我們都需要學會堅決且坦白地說出自己的情緒**。

順暢的溝通有一先決條件，就是「坦誠」。如果能坦誠說出自己的想法，大部分的問題都能在一開始就順利解決。如果一開始就不夠坦誠，隱藏自己的想法，到最後自己也會習慣。時間一久，就會像我一樣，裝作一切都無所謂、一切都沒關係，無法與人坦誠相對。

人一直假裝沒事，最後很可能會演變成不好的結局。如果對某人做出不對的行為，就鼓起勇氣承認自己的錯誤；如果因為某人感到開心，就把「因為你我很開心」真誠地說出來；當因為某人而生氣時，就忠於自己的情緒，坦率地表達出來。雖然開誠布公的程度，會因自己和對方的親密度而有差異，但無論如何，在向對方表達情緒前，都要先捫心自問，是否誠實面對自己的情緒。

我很喜歡孩子天真爛漫的能量，也喜歡跟孩子們玩在一起。去年中秋，我們全家人開心地相聚，我一如往常開心地與姪女玩球。當我們正玩得熱烈時，年紀更小的姪子忽然跑過來對著姪女說：「姊姊！我也想玩！」但是姪女果斷地拒絕弟弟，說自己正玩得開心，不要過來搗亂，於是弟弟馬上就擺出一臉不開心，彷彿要哭出來的表情。

當時我的姑母在一旁看著，她對姪女說：「妳就讓弟弟丟吧，姊姊要讓弟弟啊！」姪女馬上回：「為什麼我要讓他？」我的姑母當下有些不知所措，猶豫了一會又說：「因為妳是姊姊，當然要禮讓啊！」姪女又接著說：「哪有這種道理！如果當姊姊就要一直退讓，那我不是很可憐嗎？」

姪女如此直接又明確地表達自己的意思，讓我和姑母啞口無言。我因為姪女這股理直氣壯而說不出話來，內心卻痛快地喊著：「沒錯！妳說的對！」身為長男的我，和六兄妹中排行老二的姑母，從小到大聽慣了要「多讓著弟妹」的話。因為怕被父母罵而不敢說「不要」，更無法表現出自己真實的情緒。

相較於我總是忍耐和讓步，姪女卻不一樣，看到她如此誠實又坦率地表達自己的意思，也讓身為長子，只能不斷隱忍而委屈的我感到一股痛快。能夠忠於自己情緒的人很勇敢，也很帥氣。因為能忠於自己的情緒，才能準確地向他人表達自己的想法。不壓抑、不累積情緒，心理才會健康。

幸好過去那個不敢向喜歡的女生告白又靦腆的少年，現在已經蛻變成比任何人都忠於自己的情緒又坦白的人。這一切都是每天不斷的練習，跨越意想不到的障礙，努力學習溝通的成果。

覺察、接納、表達的練習

在不變的現實中，沒有比情緒內耗更難過的事了。

我們無法擺脫情緒，只要是人都會有情緒，也會有想要表達的欲望。情緒如影隨形，一天可以感受到不同的喜悅、悲傷、憂鬱等情緒。對人類來說，擁有情緒和表達情緒看似很自然，但同時也是最難的事。

大部分的人看電視或電影時，都會自然流露情緒。因為不會有人因為我邊看電影邊流淚，或看一看新聞突然動怒而被嚇到或反感。因為這是再自然也不過的事，自然不需要在意他人的眼光。

可是當人和人之間要溝通時，表達情緒就沒這麼容易了。「開心」的情緒，會依每個人的個性來表現，但是「悲傷」、「憤怒」這類情緒卻很難隨自己的心情恣意地表達出來。因為在表達情緒之前，我們都會先想到對方可能會有什麼反應。

於是，很多時候我們會做出和當下情緒相反的行為，或說出心口不一的話。也就是說，情緒會經過一道自我審視的過濾程序。許多人在表達情緒之前會默默地不安，想著：「這句話說出來，大家會怎麼看我呢？」、「這個人和我的關係會不會愈來愈疏遠呢？」不管是誰都希望自己能和其他人建立圓滿且友好的關係，這和看電影、電視劇或新聞的直接反應不同。在人際關係裡，很難如實表達自己身心所反映出來的情緒。

憤怒不是壞事，也不需要隱藏。根據情況認知並接受這份情緒，無論用哪一種方式，都必須將憤怒健康地宣洩出來，而且重要的是，必須改變「表達憤怒會破壞自己和他人關係」的這種想法。生氣和宣洩情緒不會破壞所有的關係，雖然可能導致關係破裂，但是很多時候人與人之間的關係也沒那麼容易就斷開。

當對方生氣、吐露他的情緒時，我們可以重新梳理當下的情況。儘管把話說開來多少有些尷尬，或可能讓兩人從此之後保持距離；但是換個角度想，因為知道了對方的立場，所以我可以改善這個狀況。能夠克服這段過程所建立的關係，反而會更穩固、更親密。

現在，即使我表達出我低落或是憤怒的情緒，我也不會輕易斷言我和對方的關係就會因此變得疏遠。同時我也領悟到，當我向對方表達自己的情緒時，我會重新認識許多事情，也會以不同的角度去接納差異。

暫且不談最後的結果，光是「能夠坦白說出自己的情緒」，對我來說便意義非凡。**因此，我們都必須學習和練習，如何健康地表達情緒。**有三個階段不但可以幫助我們了解自己的情緒，還能讓我們更有智慧地表達。

第一階段是「覺察情緒」。這個階段是感受心理湧上來的情緒，對習慣壓抑和逃避情緒的人很有幫助。人在攀爬聖母峰時，最重要的事就是確認自己的生理狀況和體力，覺察自己的情緒也是一樣的道理。**在我們征服「解決問題」和「改善情況」這兩座高山時，也需要確認自己當下情緒的狀態、變化和走向。**

我們的情緒容易受到當下的想法影響。如果被捲入情緒的漩渦，負面想法就會擴大，看事情的角度就會迅速變得狹窄；我們的身體也會因為不安和恐懼，立刻出現心跳加快或冒冷汗等生理反應。所以，我們需要覺察自己此刻的想法和身體有什麼反應。

第二階段是「接納情緒」。接納情緒是指承認自己的情緒，就像感到憤怒時，就接受自己有這種情緒與狀態。在不變的現實中，沒有比情緒內耗更難過的事了。**如果不接納情緒，選擇壓抑或逃避，最後受傷的還是自己。**

打個比方：我們成年後幾乎無法改變自己已經定型的身高，當別人嫌我長得矮，我再怎麼不滿也無法改變事實。與其介懷身高，不如及早接受自己長得不高的狀態，試著改變穿搭，製造高挑的視覺效果，或是靠運動等方式讓自己的身材比例更好，對外在形象更有幫助。

一旦習慣隱藏或壓抑情緒，遇到重要情況或關鍵時刻，就無法順利表達出來，還得擔心對方是否會看穿自己的情緒。人生本來就已經很苦了，還要讓自己一直處在假裝與忐忑中，這樣不是更累嗎？

第三階段是「表達情緒」。最有效的方法是使用「我」為主詞的句子來表達。舉例來說：被樓上的噪音吵得睡不著覺，你或許會生氣地向鄰居抗議：「你太吵了，害我睡不著覺。大家都在睡覺，你這樣是不是太過分了？請你安靜一點！」

但如果我們換個說法，取代責怪和命令對方：「我明天凌晨一早就要出差，現在一定得好好睡覺。可是噪音讓我睡不著，我覺得很生氣！」利用「我」而非「你」為主詞的句子來傳達自己的狀態和情緒，這樣聽起來便不像在責怪對方，同時也能發洩自己的情緒。如此一來，對方也會因為抱歉而檢討自己的行為。因此，**以「我」為主詞的句子，並且以事實為根據，具體坦率地表明自己的意思很重要**。

應該有很多人像我一樣，因為種種原因，導致自己很難在日常生活中表達情緒。可是，只要實踐覺察情緒、接納情緒、表達情緒這三個階段，就會有長足的進步。我建議，可以先從朋友或家人開始，慢慢實踐這三個階段的情緒表達。因為朋友和家人是相處起來相對自在的關係。當你可以自然地表達自己的情緒，也會對工作或人際關係產生自信。該生氣的時候生氣，將自己的憤怒表達出來，才能讓事情朝更好的方向改善；如果無法當下發洩「生氣」這股能量，時間愈久，反而會造成愈大的衝突。

如果在每段關係中，能夠相互坦白說出自己的情緒，久而久之，彼此的關係也會更有彈性、更緊密。**如果為了表面的和諧而隱藏自己的情緒，得到的也只是片刻的安寧，必定無法持久。**禁得起長時間考驗的關係，靠的是直率的情緒表達所累積的信任感，彼此敞開心胸，溝通的道路也會變得更寬敞。

當溝通變得順利，關係自然會變得更好，所有事情也能迎刃而解。好好了解並表達自己的情緒，反而會有更多的收穫。

勤勞！」誇我日子過得充實，認為我很了不起，並為我加油。

更有不少人為我感到惋惜，認為我沒有休息、不懂得享受人生，把自己逼得這麼緊，真是可憐。但是，我卻為這樣的自己感到驕傲，因為我很認真地過每一天。**我不在意別人如何評價我的人生，畢竟每個人都有規畫自己人生該怎麼過的權利。**我的人生沒有錯，我只是和其他人過得不太一樣。重要的是，這是「我的」選擇。

然而，在我開始更認識自己並嘗試學習溝通後，我心裡冒出一個疑問：我真的滿意自己現在的生活嗎？

「我該不會是因為感到不安和焦躁，才會緊抓著這麼多事不放吧？」

「把自己放入努力過好每一天的框架裡，日復一日過著相同的生活，真的是對的嗎？」

「這真的是我想要的人生嗎？」

事實上當我將每一天都塞滿了該做的事，讓自己沒時間喘息，也會產生副作用。如果無法順利完成今天計畫好的工作，我就會感到很罪惡。像是不小心睡過頭，起床前我就會愧疚地想：「我應該六點起床讀書的，居然沒做到！」然後整天像洩氣的皮球般無力。此外，每件事的目標對我來說都是「必須完成」，因此我整天都處於緊繃的狀態。

若當天比平常忙碌，或出現意外的變數，只要放寬心面對事實，把工作一件一件地解決就好。但是因為過於偏執的緣故，讓我不願意向他人求助，以為自己可以解決所有事情，最後導致所有事情都因為拖延而擠在一起。這種時候，我就彷彿強迫症發作，變得焦躁不安。

明明是自己熟悉又擅長的工作，一著急就失誤連連、落東落西。計畫趕不上變化是人之常情，我卻反而經常被精心制定的計畫扯後腿。只不過一天沒按照計畫起床而已，沒有什麼大不了的，我卻一直後悔又自責，過分嚴苛地對待自己。這實在很殘忍，也是不愛自己的表現之一。可是，許多人卻常在不知不覺中如此對待自己。

麼兩樣。

不妨慢慢減少勉強自己的事，試著多愛自己一點。無論是工作還是人際關係，都稍微鬆手，平常心以對吧！

在我開始每天學習溝通後，被待辦清單塞滿的日常也變得輕鬆。在日常中留白，心也找回喘息的空間。本來緊繃的我放鬆後，看事情的視野也寬闊許多。當我們的日常生活、工作和人際關係的負擔漸漸變沉重時，絕對不能忘記心的指南：「不要逞強，盡力而為」。

溝通的鑰匙在我自己的手上

以「我的想法不一定都是正確的」為前提。

二〇〇八年坎城國際創意節（Cannes Lions）的金獅獎得獎作品中，有一支名為「注意力測驗」[26]的影片。影片開頭就拋出一個問題：「請數數看穿著白色衣服的隊伍傳了幾次球？」接著一組穿著白衣和一組穿著黑衣的人上場，每組各四個人，共八個人。同一組的人會彼此進行拋接籃球，傳球活動結束，影片便暫停，公布剛剛問題的答案。

到這裡影片還沒結束，緊接著又拋出了一個新問題：「你有看到一隻用月球漫

26．由倫敦交通局製作的廣告影片「Test Your Awareness: Do The Test」。

步走過去的熊嗎？」接著影片快速倒帶到兩組人拋接籃球前的畫面，並重新播放一次，這時就可以看到有一個穿著熊裝的人，從傳接球的人群之中，以月球漫步的方式走過去。影片最末打上字幕：「如果你沒注意，就容易錯過。」

幾年前我在訓練時看過這支影片，當時我只顧著數傳接球的次數，根本沒想到會有隻熊用月球漫步的方式走過去。當影片問有沒有看到熊的時候，我心想：哪來的熊？而且不只是我，當時接受訓練的大多數人都回答：「當然沒有熊。」但是當影片回放時，我們都大吃一驚。原來影片中真的有一隻月球漫步的熊！

所有人明明都非常專注地看影片，可是卻極少人看到那隻熊。這是個讓人覺得被「鬼遮眼」的神奇經驗。這支影片的想傳遞的訊息是：「如果你沒注意，就容易錯過。」反過來也可以這樣解釋：「我們容易只看到自己想看的」。藉由這支影片，我還領悟到：「啊！我們真的只看自己想看的。」、「原來我看到的並非事實的全貌」。

我們經常以為自己看到、聽到、經歷過、知道的，就是一切、就是正確的。也因為這種錯覺，而將自己的想法強加在對方身上，甚至貶低和自己有不同想法的人。

這就是為什麼當自己和對方溝通時，會互相傷害或產生矛盾的原因。

大部分的人起初都主張確實沒有熊，那是因為他們相信自己的判斷，深信自己非常專注地看影片。所以，要對事實有所意識，才能真的看見。我們必須合理懷疑自己看待事情的角度，在發現事實後，也需要有承認自己犯錯的勇氣。放下自己一直以來覺得理所當然又堅信的事實，並不如想像中容易。有些人還需要重看兩、三次影片，才願意承認：「對耶，有熊耶！」

溝通也和這個情形類似，對吧？如果我們渴望溝通順利，就要以「我的想法不一定都是正確的」為前提。需要有「我的所見所聞、經歷、知道的東西，不一定是事實」這樣謙虛的心態，也需要有「能夠接納其他人和我想法不同的事實」這樣開放的態度。

溝通的鑰匙，握在我們自己手上。當我們能尊重某個人的意見和承認彼此不同之處時；當我們能夠快速認清事實，承認自己的失策和錯誤時；當我們為了讓事情能有完美的結局，而積極向對方表達歉意或感謝之情時，我們就能成為真正的溝通高手。

堅信「自己看到的，和對方看到的一樣」，我認為這樣的想法，愈早放下愈好。足球有「越位」（offside，防止攻擊方太過深入防守方陣營的規則），籃球有「帶球走步」（防止球員帶球走三步以上的規則），無論是足球或籃球，甚或任何一種運動，都有應該遵守的規則。如果不懂比賽規則，又硬要下場，不僅會為其他人帶來困擾，也會讓自己對該運動失去興趣，最終失去自信。

同理可證，我們應該了解：每個人都有自己「看世界的規則」，即「框架（frame）」。若不接受其他人與自己有不一樣的想法，在與外界溝通的過程中，勢必會遇到很多阻礙，也會對人際關係失去信心。了解每個人對事情都有不一樣的解讀，是提高溝通能力的捷徑之一，也能讓我們在人際關係中更有自信。以下讓我們來認識三種框架：

第一種是，看待世界的方式會因人的性格而異。以我為例，我討厭人際關係中的矛盾，我希望能融入所有人，和大家和平共處。所以我盡可能不生氣，努力想圓滿解決每件事。那麼我在看所有現象的時候，就會習慣先看到正向的一面，覺得世界很好、很和諧。

相反地，也有個性很急又敏感，只要一點小事違逆自己的想法，就會大發雷霆的人。這類型的人看待他人和世界的方式，都屬於批判型和負面型，所以對於每件事的戒心很重，經常神經緊繃。

我們的性格從小時候開始逐漸成形，並帶著這些特性成長。因此，我們對待他人和看這個世界的方式，會隨著自己天生的氣質和伴隨自己成長的個性而異。如果在溝通時，我們能夠了解對方的性格，採取適當的應對方式，溝通起來就會更有效率。

第二種是，每個人所知道的焦點資訊不同。這個世界所流動的資訊多到超乎我們想像，在資訊的洪流中，每個人所關心的資訊都不同。即便是家人在一起看電視時，也常因為想看的頻道不同，而展開遙控器搶奪戰。

因為我是足球狂，所以從未錯過任何一場比賽。有一天我在公司口沫橫飛地向

溝通的學習是真正的人生學習

溝通本身就是環繞自己的世界，也是人生。

我的同住家人一共有五個人：祖父、父親、母親、我還有妹妹。或許很多人會覺得一家五口一起生活，應該很常對話，家裡也熱熱鬧鬧的吧。但事實上，我的家人彼此之間並不常交談，雖然我們家時常有客人來訪，不過一旦客人們各自離開後，家裡氣氛就變得相當安靜。

吃飯的時候，我們並不會自然地聊起日常的話題，除了一兩句必要的話之外，基本上毫無交流。對我來說，和父母聊天是件很尷尬的事情，就連日常生活話題都會讓我感到彆扭，更別說是向他們諮詢未來出路的建議，或是吐露煩惱等更深入的話題。

一路走來，我和妹妹從未在原生家庭中學習如何看場合說出適合的話和做出適當的行動，以及該如何和各種不同的人打交道和溝通。等到畢業出社會、就業，不容許有絲毫失誤的人生直播便開始了。

溝通雖然無法以肉眼看見，卻如同空氣般，是人們生活中不可或缺的一部分。對不擅長溝通的我來說，意義更是重大。在我的人生中，接連發生了心理疾病、辭職、離婚等重大事件，連串的打擊讓我的人生搖搖欲墜。幸運的是，那段辛苦的過程雖然帶給我極大的痛苦，但為了活下來，為了好好過生活，我開始想培養溝通的能力。從我開始試著學習溝通之後，許多事情都改變了。

我認為，「溝通」的學習比任何學習都重要。在學校，除了數學的加減法，如果我們也能學習如何在人際關係上進行加減該有多好？除了國文課閱讀文學作品外，如果我們還練習如何閱讀和理解其他人的心思，那社會將發生什麼變化？在化學課中除了絞盡腦汁地背誦週期表外，如果我們能背下在什麼狀況下該做什麼表情、該說什麼話，才能跟人有適當的互動關係，我們的人生又會有什麼轉變呢？如果我們能在學校學到這些，那麼當我們必須獨當一面時，是否都會更有智慧一些呢？

只要我們還是家庭和社會的一分子，溝通就如同呼吸般無法停止。如果呼吸中止，人就會死亡，溝通也一樣。如果某部分不通而導致互動終止，那麼就等於過著行屍走肉的人生。

溝通就像水受到地心引力的引導，從高處往低處流，必須保持暢通，不斷地自然流動。當水被堵住，就會形成積水，不久就會演變成腐敗的死水，溝通也必須持續流動。所謂「跟死了沒兩樣」的人生，就是無法和任何人溝通，自己過著獨斷獨活的人生。

如果不願意妥協自己的立場，不願意顧及他人，那原本待在人生中的重要他人也會漸漸流失。不願意和他人建立關係，或堅持保持一定距離的人，大多都很堅持己見，不願意設身處地為對方著想，或了解情況，只是一味地堅持自己是對的。很明顯地，這種人總是顧著自己的利益，不希望自己有任何損失。

我們尤其應該小心的是無法溝通的「不通領導者」。領導者位處決定組織方向和領航的重要位置，若是一個無法溝通的人，那麼組織無疑就如汪洋中一艘迷航的船。在危機四伏的海上，如果船長無法對付危機狀況，無異是將船員帶向死亡。

大家是否記得讓韓國舉國上下震驚不已的「世越號事件」[28]？這次事件讓我們看到了無法溝通的黑暗面。慘案所牽涉的對象上至國家領導人，下至各機關、團體代表以及地方政治，他們的溝通不良，點燃了五千萬國民的怒火。國家體系無法發揮保護人民的功能，在國家出現危機時，他們只顧自己的安危，因此讓全國人民充滿憤怒。

如今，我們的日常充滿了疑心和不信任，社會上瀰漫著強制大眾表現意識形態的選邊站文化，大量的惡意批鬥與躲在螢幕背後的恣意謾罵。溝通的負面影響，不僅會波及一個人的人生，甚至能影響一個國家的命運。

28．韓國自一九七〇年以來最嚴重的渡輪災難，事故發生在二〇一四年四月十六日，客輪世越號於事故當天載著四百七十六人，事故後黃金七十二小時內，現場沒有展開任何救援行動，導致共有三百零四人罹難，事後政府相關單位彼此推卸責任，引發韓國輿論譁然。

許多人都在尋找成為有錢人的捷徑、寫好履歷的方法、遇到好伴侶的技巧等各式各樣足以使人生更完美的訣竅，我們投注了可觀的時間與精力學習這些知識或技能，卻鮮少有人想好好修習作為一切世事前提和基礎的「溝通」。

人生之所以痛苦和茫然，多源自於沒有良好的溝通。在家庭中，親子、伴侶間的矛盾；職場裡，上下關係（老闆、主管與員工、下屬）或水平關係（前輩、同事或後進）的衝突。在各自的關係中，人們經歷無數次的摩擦或難以解決的紛爭，而最後的處理方式要不是斷絕關係，就是靠著溝通來彼此和解、釋懷。

無論是在家中或在公司裡，我們每天都會和某個人談話。除了與外在世界的溝通外，持續和自己溝通也很重要。「溝通」環繞著我們生活的世界，相當於我們的人生，當我們具有靈活且健康的溝通能力時，我們才能過上安穩又有智慧的人生。

學習溝通時，最好先審視自己童年在什麼樣的環境和氛圍中成長，因為我們小時候與原生家庭成員的互動及溝通方式，多半會形塑、反映我們現在的言行舉止。掌握自己在溝通上的優缺點，才能知道該如何與他人交流，並以此制定合適自己的溝通策略。

當然，制定策略還不夠，必須一件一件在生活中實踐，不足之處逐步彌補。溝通的力量愈大，人生就愈充實，人生和未來也會愈順遂。

chapter

3

溝通如何成為人生的利器

我堅信任何能夠增進溝通的工具，都能深深影響人們如何從彼此身上學習，以及他們如何得到他們想要的自由。我沒有權利讓任何人說出或做出讓他妄自菲薄的話或行動。

——比爾·蓋茲

溝通愈難愈要充實基本功

溝通必知的基本技巧：表情、寒暄和說話習慣。

彈奏樂器、運動、蓋房子的共通點是什麼呢？雖然這三者看起來毫無關聯，但它們的共通點就是：必須打好基礎。彈奏樂器時，必須先知道基礎的音階名稱才能演奏出旋律，運動時需要基本的體力，還有蓋一間房子，最重要的就是做好打地基等基本施工，才不會變成豆腐渣工程。

如果基礎沒打好，就像在海邊堆起的沙堡，只要海浪襲來，隨時都會有傾倒的危險。與人溝通的道理也是如此。溝通不可以像隨意蓋好卻隨時可能倒塌的沙堡，應該像石塔那樣一磚一瓦穩固地堆疊起來。溝通打好基礎，就絕不會輕易倒塌。

溝通有三個我們必須知曉且需要熟練的基本技巧：「表情」、「寒暄」、「說話習慣」。

首先，我們先來了解「表情」。想和他人建立良好的關係，就必須留給對方好印象。有了好感才會想靠近對方，和他說話，或是製造在一起的契機。相反地，遇到第一印象不佳的人，自然而然會想和他保持距離。

那麼我們該如何提高自己在對方心中的好感指數，讓他打開心房呢？最有效的捷徑就是「表情」。當彼此對視時，表情對第一印象的判斷有很大的影響。在毫無任何事前資訊的情況下，有三個人分別一臉生氣、面無表情、面帶微笑，你會最先和誰搭話呢？當然是先靠近帶著微笑的人啊。

人們多半對於擺出微笑或笑臉的人有好感，因為流露出微笑和笑得很開朗的表情，會帶給對方正面的感覺。也就是說，表情直接影響第一印象的判斷，也是決定自己能否給人好感的關鍵。

在聯誼或相親時，保持笑容、表現出善於傾聽和適當給予反應，收到第二次約會邀請的可能性也比較高。即使未達對方理想型的條件水準，帶著好的表情和對方交流，也是能吸引對方想進一步認識的好機會。

我是笑臉型的人。我的父母和朋友都說我常笑，在公司大家也覺得我是笑口常開的同事。每次參加新的聚會或認識新朋友時，許多人都會說：「你看起來好親切。」絕大部分的人都覺得我好相處，對我印象很好，認為我沒有距離感。

我的長相偏和善型，尤其在我學習溝通後，我開始練習如何擺出更自然、更柔和的微笑。我在上班前會對著鏡子擺出笑容，這和冥想或讀書一樣，成為我每天早上的例行事務。偶爾有疲憊或精神狀態不佳的日子，我更不會跳過這項任務，因為若我無意間板起臉孔或皺起眉頭，對方也會感染到我的負面情緒。

「鏡子溝通」是我為了加強笑臉這項優點而開始，俗話說：「笑口常開好運自然來。」表情愈是比平常開朗，就愈覺得那天充滿元氣。即使是刻意擠出微笑，帶著笑臉迎接一天，原本處於低谷的心情也會一點一點好轉。帶著笑臉的時間愈長，正向的心態也會隨之而來。由此可知，笑臉不只對人際關係或溝通很重要，也對我們的人生有很大的影響。

哲學家叔本華曾說：「常笑的人幸福，常哭的人不幸。」換句話說，我們是否常笑，可以決定人生的幸福。微笑和笑臉在社會生活中也很重要，面臨就業或結婚等人生重要課題時，需要付出更多努力。有些人會接受意象訓練（image training），有些人則選擇做酒窩手術或矯正牙齒，因為表情是決定第一印象的重要因素，也是提高好感指數的祕訣，如同保養皮膚或鍛鍊身材一樣，必須努力不懈，持之以恆。

卡內基在《卡內基溝通與人際關係：如何贏取友誼與影響他人》（*How to win friends & influence people*）一書中也有提到微笑的力量，「有魅力的人具備吸引他人的某些特質，其中最突出的就是能夠左右人心的微笑。美麗的微笑是珍貴的寶物，即便是有錢人也無法用錢買到。」而我們只需要三秒就能擁有這貴重的寶物，只需要每天對著鏡子讓嘴角往上三秒鐘。

下一個重要的溝通基礎就是「寒暄」。寒暄的定義是指，初次見面的一群人，彼此互換姓名、自我介紹時說的話或行為，以及互動或道別時，有禮貌的話語或行為，即人與人見面從開始到結束所展現的基本禮儀。我在教育新進員工時，非常強調寒暄的重要性。即使不認識對方，也要記得向每個遇到的人寒暄。確實做好這件事，對方就會認為此人有禮貌、品行端正。

鄭秉太（音譯）博士在《溝通的技術》一書中也強調寒暄的重要性。書中提到：「溝通的起始是寒暄，寒暄是非語言中最棒的語言，也是打開心房的鑰匙。」此外還提到，因為寒暄是自己表達關心、好意、感謝的具體表現，只要有機會，就應該先向對方寒暄。

我們去百貨公司購物或搭飛機時，都會看到店員或空服員對我們親切地打招呼：「您好。」、「很高興見到您，歡迎光臨！」寒暄能給人「被尊重」的感覺，無論是主動寒暄的人或接受寒暄的人，心情都會變好。反之，寒暄時一副不冷不熱、馬馬虎虎的樣子，那還不如不要做。與對方眼神交會、依場合選擇合宜的寒暄方式，以及謹守禮貌份際，在寒暄時同等重要。

最後要強調的溝通基礎就是「說話習慣」。近幾年，有不少以「說話習慣」為題的出版品。明明有這麼多單字，為什麼偏偏選「說話習慣」當作書名呢？這是因為無論財富或運氣，人際關係或任何事，說話習慣都很重要。就像「一言半句，重值千金。」這句話所強調，每個人說出來的話都有很大的力量。簡單一句話可能讓對方成為自己人，也可能讓對方產生很大的轉變。

有一天，公司主管對下屬說：「你都來公司幾年了，連份報告也寫不好？爛透了！」這句話無論是誰聽到，心情都會很低落。最後那句「爛透了！」更可能不斷在腦中回放，令人愈想愈氣憤。最後，憤怒的情緒蓋過一切，比承認錯誤、讓自己進步的心態更高漲。

如果這位下屬聽完這番話後，變得更緊張、更畏縮，最後反而因為無法專注工作，導致失誤更多或工作效率低落。這樣一來，主管要煩惱的事情只會更多，也會變得更敏感。原本只需要指出報告需要修正的地方即可，卻演變成因為短短一句傷人的話，導致雙方都陷入痛苦的惡性循環。

「雖然我對報告不太滿意，但是沒有錯字又一目瞭然，這點做得不錯。」如果主管像這樣換句話說如何呢？聽的人當然心情會比較好，不但能知道自己哪裡有缺失，做得好的部分也得到了肯定。如此一來，下屬也會因為主管的話而產生動力，油生「之後要做得更好」的決心。如果這個員工的能力更上一層樓，主管也能獲得一位能夠安心信任、賦予重任的部下。光是說話習慣的細微改變，就能導出兩個截然不同的結果。

日常生活中我們必須常用的說話習慣之一是「謝謝」。感謝能為內心注入活力，降低心中的壓力。自從我開始對身邊的一切抱持感恩的心，生活也開始充滿活力，每一件事都讓我感到愉快和享受，與其他人的關係也變得更好，心情更加自在。如果你有一件想達成的事，不妨試著把感謝說出來，即使是一件小事，也要不斷表達出你的感謝。**將感謝掛在嘴上，能夠為你帶來財富、運氣和良好的關係。**

溝通必備的重要基本功：表情、寒暄、說話習慣，只要在日常生活中熟練這些基礎，就能夠感受到驚人的變化。打好這些基礎，就等於擁有強大的溝通武器。不知不覺你就會發現，溝通不再「困難」，反而「有趣」。

建立屬於我自己的關係原則

執著於假象，過得惴惴不安，最後只會剩下空殼。

在公司處理工作時，通常都會有SOP能讓員工可以更準確且有效率地執行業務。制定下一個年度的經費時，從建築物的修繕到辦公室用品開銷，應該要抓多少費用？該從哪裡開始預估？假設沒有任何依據參考，像無頭蒼蠅般地計畫，必定會覺得茫然，也很難不遇到困難。這時如果有參考依據，比如今年的銷售額預計會比去年減少百分之十，所以預估經費要比去年少抓百分之十，或是考慮到物價上漲，所有物品都應該以上漲百分之三的金額來制定預算，才能順利做好預算表。

我們的生活中或工作上都少不了這些基準，溝通也一樣。當我們和他人建立關係時，如果設下自己的標準，就可以做自己而不會被他人輕易擺布。無論遇到什麼情況，都能從容以對，怡然自得、理直氣壯地行事。

有了原則標準，還可增強我們掌控和主導自己生活的力量，提升我們的自尊，對建立關係產生信心。因此，與他人建立關係的過程中，我們也必須建立一套自己的標準。我們先一起看看下面的例子。

今天是公司聚餐的日子，金次長[29]不喜歡喝酒，李部長卻極好杯中物。只要李部長說要聚餐，金次長都不太想參加，因為李部長至少都會喝到第二攤，甚至第三攤。雖然金次長想避開聚餐場合，但是為了和李部長維繫良好的關係，不想破壞氣氛，禮貌上都會待完第一攤。當李部長說要去續第二攤，金次長便會拒絕——如果連第二攤都去，可能要半夜才能回家，不但會把自己搞得很疲憊，也可能影響到隔天的工作表現。而且李部長時常喝到不省人事，到時候還得代為結帳，所以先行離開也是以防萬一。

金次長今天再次鄭重拒絕了李部長的第二攤酒局。本來李部長也對金次長只參加第一攤聚會的態度很不滿，只是每次他總是堅持只參加第一攤的態度很不滿，時間久了，李部長也不再覺得有什麼問題。金次長的做法就是「訂下原則」，無論發生什麼事都只參加第一攤酒局，即使李部長對此頗有微詞，他還是確實地遵守原則，且始終如一。

雖然剛開始拒絕別人會難為情，可是一旦形成了慣性準則，對方最後也會接受。如果無法好好拒絕，最後只是勉強自己迎合他人，當心裡累積的情緒失控，就會埋怨和責怪邀約酒局的人。為了不要走到這一步，最好還是盡可能降低責怪他人、消磨情緒的可能性。

每個人都應該定下自己的原則，以維持和諧的關係。**只要定好原則，並按照原則行事，就不會被他人左右，溝通時也能握有主導權。**制定原則的方法雖沒有完美的答案，但我還是歸納出以下三點，任何人都能適用的技巧。

第一，不要單方面犧牲，也不要有所期待。親子間的關係，經常出現家長盡心

29．韓國職場中「次長」，相當於臺灣職場的副理，是部長的副手。

盡力地照顧子女，為了孩子全然犧牲奉獻，把「自己」拋諸腦後；同時又抱持著「投資多少在子女身上，就會得到多少回報」的想法。當期待自己的付出可以從對方身上收到等同的回報時，原先親情的羈絆就會開始損耗。

如果家長不顧子女的意願，強迫子女進入自己要求的學校或公司，甚至連婚姻、生活都試圖掌控，這絕對不是為了子女著想。子女感受不到父母的溫暖，只會覺得混亂，或因為自己無法決定任何事而感到無力。最後結果是：父母自認為付出一切，卻只是從子女口中聽到埋怨而已。

另一種可能是，善良的子女顧念父母的犧牲，於是盡可能地順從父母的意見，當事情的進展不順利，就會對父母感到抱歉，為愧疚感所苦。當孩子只是「為了成就爸媽希望我成為的樣子」，某天終於將成長過程中所壓抑的不滿宣洩出來，親子關係便會急速惡化。

遇此情景，父母通常會說：「我是怎麼把你養大的……」這種施壓的話，或是「你怎麼能這樣對我？」這種責怪的話，希望藉此讓子女愧疚，好依照自己的期望行事。但無論是為人子女或父母，最後都一樣遍體鱗傷。

單方面的犧牲，或渴望得到回報的期待，都會在無意間傷害彼此。雖然這裡以親子關係為例，但是在夫妻、親友或在社會上所結交的關係也是如此。**與他人建立關係時，不要過度犧牲或期待，也不要總是單方面付出，最後卻換回一身的傷。即使迎合對方也不能失去自己，彼此都應該在關係中畫下底線。**

不要期待對方的回報，重要的是回想起「當初自己做出這個決定」的意義。如果你期待對方能按照自己的想法行事，那就付出更多的時間和努力去溝通、等待。如果仍然沒有任何改變，那最明智的做法就是認清事實，並尊重接受。

第二，不要被他人的肯定吞噬。每個人都渴望得到肯定，但是過度渴望他人的肯定會引發副作用。對藝人來說，大眾的關注和喜愛很重要，這是決定職業生涯的依準。如果能夠滿足大眾的期待，就會獲得廣大的人氣和支持；倘若稍微偏離大眾的期待，或讓大眾感到失望時，那些人氣就會變成利刃轉向著自己。縱使有再多支持自己的粉絲，也不可能滿足所有人，愈成功就愈可能出現酸民與黑粉。

近來，有很多藝人為網路霸凌所苦。因為長期被惡意留言攻擊，最後甚至做出極端的決定——選擇結束自己的生命。即使不是藝人，我們也都會為了能受到更多肯定和歡迎而更加努力。因此，當我們無法擺脫他人的目光和評價，無法達到預定的目標時，就會飽受巨大的失望和愧疚折磨。

作家金惠男在著作《你和我之間》（당신과 나 사이）中提到：「他人的肯定和歡呼隨時都可能消失，戒慎恐懼地緊抓著這些假象不放的人，日子過得惴惴不安，最後只會剩下空殼。」我們不該對他人的肯定上癮，失去自我。讓自我感到充實、享受努力過程的意義，也和得到他人的肯定一樣重要。

第三，堅守原則，果斷拒絕。拒絕當然很難，會讓人害怕與對方的關係疏遠，也會擔心一起執行的工作出錯。但是因為這些顧慮就妥協，最後不但無法和他人和睦相處，反而會萌生厭惡感、埋怨對方。

如果覺得拒絕很難，就必須練習為自己拿出「拒絕的勇氣」。有時被拒絕的一方可能會出現情緒化的反應，或是本來相處融洽，後來卻變得處境尷尬，讓彼此關係出現裂痕等狀況。然而，千萬別忘了，**自己的情緒和想法也和對方的反應同等重要**。為此，我們必須制定出一套基準，衡量自己的情緒和想法能夠忍受的極限到哪裡，不過度勉強自己。

雖然這三項制定原則的基準並非標準答案，可若是其中任何一項對你有幫助的話，希望你能嘗試看看。還有一點我想提醒各位：即使定下原則，也不一定非要貫徹到底，可以根據情況一點一點修正和補強。**因為溝通方法沒有最完美的答案，與其找出完美的答案，不如依據個性和處境，一步步找出適合自己的解答。**

了解其中的因果關係，我也學會試著反省過去。

透過分析，我終於知道為什麼我和主管會時有衝突。當我了解他表現出的人格特質後，自然比較能擬定適合的溝通策略。他在九型人格的性格類型中，屬於粗暴、具有攻擊特性的人。透過客觀化的資訊了解他的性格後，我心裡也踏實了不少。因為他說的話和做出的行為來自於他的性格，「並非只針對我」，當我了解到這點後，受傷的心總算得到一些安慰。

如果想和對方和睦相處，首先要做的就是了解對方。只要關心對方，一定可以看到對方從未展現過的面貌。

二、關愛並認同自己

如同杯子裝滿水會向外溢出來一樣，如果我的心中充滿愛，愛就會滿出來，超出我自己、蔓延到我的周圍。**當我們夠愛自己時，我們就能從容地對待他人，當我**

們的心夠自在、自尊夠堅強，我就不會對他人說的每句話、做的每件事做出過度反應，反而會設身處地為對方著想，或者將自己的想法轉變成更健康、對自己更好的方向。

我們應該在日常生活中，把自己擺在優先的位置，並且努力愛自己，經常對自己說「我愛我自己」、「我是有價值的人」。把安慰自己、為自己加油打氣的文字實際寫下來，也會有很大的幫助。

三、設身處地為他人著想

很少人會故意做出傷害他人的事。生活中有很多因為錯綜複雜的利害關係而不小心傷害到對方，或雙方的立場差異過大而僵持不下的情形。我們不要因為急著下判斷而導致誤會難解，或是因為資訊不足而抱持偏見，試著從「會不會是情況不允許呢？」這樣的角度來審視整體情況。在發怒之前，先確認對方「是不是遇到了什麼我不知道的狀況」。

四、積極聆聽他人

「注意聽」除了不放過任何細節，和仔細聆聽之外，還包括聽出對方的弦外之音，達到「傾聽」的境界。每次回老家，我按照慣例都會和朋友聚餐，幾乎不在家吃飯。可是，母親還是會每天問我：「今天晚餐是否有約？」幾年前，我都還不以為意，反正跟朋友有約就出門了。

如今，我對溝通的敏感度變高，我開始聽出母親問的那句：「你今天晚餐有約嗎？」的真正意圖。其實她是想告訴我：「我們一家人好久沒一起吃飯了，希望今天你能和我們一起吃晚餐。」所以，現在我即使要和朋友見面，晚餐也一定會在家裡吃，母親也為此感到開心。

記住，愈是對自己重要的人，就愈需要敏銳地傾聽他所說的話。

五、指責別人，最後吃虧的是自己

我們都不完美，也都可能會犯錯。某位主管因為下屬失誤而指責：「連這點事都處理不好，怎麼可能讓你升遷！」

沒有人會故意犯錯，造成過失的當下，最難過的往往都是當事人。因為自己的錯誤造成其他同事困擾，下屬本身已經對此感到自責又愧疚。主管本來也只需要指正錯誤，卻偏偏在責備的同時提到「升遷」，導致下屬為了保護自己，本能地啟動防衛機制。

原先滿懷愧疚想認錯道歉的想法，瞬間變成：「居然提到升遷的問題，這也太過分了！」愈想愈氣憤，甚至反過來怒懟主管或拒絕溝通。

明明問題很快就能結束，卻因為溝通的方法不對而導致情況惡化。我想大家都同意，無論如何都不應當使用暴力，溝通也不能使用粗暴的方式。情緒性的發言，對雙方沒有任何幫助，反而會將情況引導到不對的方向。

六、訓練被討厭的勇氣，坦白說出自己的想法

有很多人不知道該如何清楚地說出自己的想法。明明忙翻天，不應該答應對方的請求，可是卻無法當場拒絕；或是，即使很不舒服，卻無法當下表達出自己的感受，只能默默隱忍、強迫壓抑，在心中不斷累積心結，最後把自己逼出病來。

七、必須先了解自己

有句俗語說：「五十步笑百步。」意思是，明明跟對方犯一樣的錯誤，卻只看到別人的缺點與失誤而譏笑、嘲諷，完全沒發現自己也有同樣的問題，本質上其實並沒有區別。如果我們能了解自己的人格特質，就會更篤定自己所做的選擇，也能更自在地與他人溝通。

八、對身邊的人表達真摯的關心

如果伴侶晚上輾轉難眠，請主動關心對方是不是有什麼煩惱；如果身邊親近的友人一反常態、看起來心情低落，我們可以主動詢問對方是否需要幫助。即使只是一句簡單的問候，對方也會因為知道有人在關心自己，而獲得力量與溫暖。

九、了解自己和對方關係的親疏遠近

這裡指的是兩人所展現出來的親密程度。如果問關係親近的人：「你週末和伴侶做了什麼？」這可以視為一種問候；相反地，同樣的問題去問關係疏遠的人，可能就會因為問題涉及個人私密，而不小心冒犯到對方，甚至讓對方覺得你侵犯到他的隱私。因此，掌握自己和對方的關係親疏，做出合宜的溝通很重要。

十、不要說謊

人際關係中最重要的就是，對彼此的信任。如果對彼此的信賴動搖，就很難讓關係持續下去。懷疑只會生出另一個懷疑。謊言或許可以短暫解除危機，但是只要發生過一次，就會停不下來。已經滾成雪球的謊言，即使一開始是情非得已，並沒有欺騙的意圖，最後也不會有好的結果。

因為謊言而傷害自己最重要的人，或失去自己喜歡的人，難道有比這更讓人懊悔的事嗎？如果在人生最重要的時刻，沒有任何人願意相信自己，或留在自己的身邊，豈非大不幸？**因此，維持良好關係的不成文規定就是，始終都要以真誠的心對待他人。**

只要持續實踐和遵守「溝通十誡」，你會發現溝通並不如想像中困難。不但可以避免人際關係發生摩擦，即使出現意想不到的狀況，也能保持平常心。

對待愈是親近珍貴的人，就愈要努力遵守「溝通十誡」。無論發生什麼事，只要有人願意相信我、支持我，站在我這邊，人生就值得了。

我也真心祈望，在你人生中最重要的時刻能夠不孤單，總是有人在你身旁為你加油打氣。

真心雖然來得慢，卻持久且強大

我們必須過著誠實、毫無虛假，每一刻都付出真心的人生。

小時候我和祖父一起住，祖父家使用的是柴火。無論下雨或下雪，祖父每天都會凌晨起床，到田裡割草回來餵牛。雖然只有一隻牛，但是祖父仍對牠悉心照料。祖父割草、餵牛回來，吃完早餐後，就會叫我去買一瓶馬格利酒[31]，然後自己背著背架上山，去找燒柴用的木柴。過了大半天左右，祖父會背著滿滿的木柴回來，並且整齊地堆放在庭院的角落。然後，祖父會喝我買好的馬格利酒解渴、稍作休息，接著又馬不停蹄地上山幹活。直到太陽下山了，才又背著滿滿的木柴回家。

多虧祖父每天勤奮地帶回木柴，我們才能無後顧之憂地度過溫暖的冬天。表面看來，祖父的生活就像齒輪般日復一日地轉動，毫無樂趣。但在我心目中，祖父總是盡人事、聽天命，踏實地過好每一天。

現代的世界什麼都不缺，但人們的心裡卻有嚴重的飢荒。看著自怨自艾、埋怨人生不順遂的人，讓我偶爾想起祖父埋頭苦幹的身影。從小，我看著祖父這樣地過日子，受到他老人家很多影響。我從他身上看到、學到的東西很多，但影響我最深刻的還是他看待人生的態度——不耍花招，腳踏實地地過日子，每一刻都真心誠意地度過。

我不太會說善意的謊言，也沒聰明到能夠欺騙別人。當我說著虛情假意的話或做出那種行為時，都極為不自然且破綻百出。有時候對方只是為了拉近距離而開個玩笑，我卻會把一切當真，所以朋友跟我在一起偶爾有些尷尬。

我有一位大學同學叫做振宇，他常說：「如果想和珍明變熟，可能要跟他當五年以上的朋友。」如他所言，如果我想要和某人真正熟稔，必須要和對方認識很久

31．馬格利酒（막걸리），是朝鮮半島一種用米、麥發酵而製成的濁米酒，本是農忙時解渴喝的酒，又稱農酒。酒精含量約六至八度，比韓國燒酒低得多。

才行。如果想和我成為能夠坦誠相見的莫逆之交，可能要比其他人花上更久的時間。慢熟的我認為，太快敞開心胸、拉近彼此距離，不一定是好事。雖然我和朋友變熟和敞開心胸的過程有點慢，但是最後能和我建立親密關係的人，都非常信任我。

在公司，大家都認為我做事腳踏實地、值得信任，過去幾年裡，其他部門也持續對我招手，但並非我一進公司就如此。當我還是新人的時候，我和其他員工無異，只不過是眾多平凡的員工之一。

照理來說，討好主管才能站穩腳步，可是我對每件事都很認真，不太會逢迎拍馬屁。對我而言，坦白地表達我的真心，比甜言蜜語還要讓對方開心和自在。即使在報告的時候，我也都是如實陳述，不喜歡包裝粉飾；工作時我也不喜歡過度表現，大多埋頭做好本分，不會特別迎合主管的喜好，或在主管面前特別表現。或許因為這樣，所以我總是贏不過喜歡拍馬屁或油嘴滑舌的同事，或者遇到重要的工作就把功勞攬在身上的精明同事。

然而，日久見人心。可能是因為我工作向來不拖延，又會幫助他人，做任何事都很努力，所以這份真心打動了大家，讓我成了其他部門主管最想馬上延攬的職員。

我的直屬主管在我被誤會牽連時，會主動為我辯護：「劉組長不是那種人。」我對待同事時，也絕不因為傳言就輕易下判斷，或因為多數意見而帶有偏見。如果不是我親身經歷，我絕不會亂說話，總是以真心待人。因此，同事都會認真聽我說話且信任我。無論是對待工作、人生，還是身邊的人，真心對待沒什麼特別的優勢，進展速度也不快，但是耐得起時間的考驗，力量也會愈來愈大。

想打造穩固的基本功和培養堅實的基礎，需要投入許多時間和堅定不移的毅力。而一旦打好基本功，實力瞬間就會以等比級數成長。只要基本功夠扎實，就有足夠的根基，再難的技術都能上手，遇到任何應用問題也能輕易解開。因此，**真心建立起來的關係，是不會為一般的瑣事而動搖，因為真心是所有人際關係的真理，也是人生的基礎。**

做自己，成為有原則的人比當個好人更重要

不要執著於當「好人」、「善良的人」，要成為有底線的人。

小時候，我就常被父母或身邊的人說是「乖孩子」，我也喜歡大家這樣叫我，被說乖是一種稱讚，這讓我很開心。而且我還會自動自發地去找事情來做，就為了聽到更多人稱讚我是「乖孩子」。對年幼的我來說，「乖孩子」就像拒絕不了的獎狀。

因為家境不富裕，求學階段我也沒上過補習班，靠著自己的努力維持優秀的學業成績，父母對我的期待也很高。他們經常向身邊的人不斷稱讚我很會念書，不曾讓他們操心。這讓我感到很自豪。

為了不辜負父母的肯定和身邊的人的期待，我認真地念書，還考上當時的名校之一——「順天高中」。我還曾個遠大的目標，就是考上首爾大學法律系，以後當

檢察官或法官。

結果，我並未如眾人的期待當上檢察官或法官。為了不讓父母和身邊的人失望，我很認份且拚盡全力地努力生活，當順從父母的乖兒子；別人的評價和期待，比我自己的意見和內在想法更能影響我。或許大家都是如此，不知道自己真正想過的生活是什麼樣子；我唯一的想法就是和其他人一樣，不能落後。

從「乖孩子」成長到「好人」的我，在公司是大家公認親切又善良的人。或許是因為長相親切，聲音沉穩，所以同事經常找我幫忙。我一度以為接受大家的請求就跟人氣排名一樣——用最近的流行語來說，就是成為「insider」[32]。為了不負眾望，我總是默默完成大家的請求，每次同事的一句「謝謝」，都讓我有種成為重要人物的錯覺。

小時候，我希望父母能一直稱讚我是「乖小孩」。這種心態到了長大後，我也

32．韓文為「인싸」，意為「話題人物、風雲人物」。

希望同事能繼續肯定我是個「好人」。公司每年尾牙，會票選出親切又笑臉常開的員工，連續兩年我都是第一名。

「好人」是外界給我的肯定，如同得到官方頒發的獎狀。直到有一天，一位同事再次請我教他如何傳真，實際上我已經教過他很多次了。我很想跟他說：「我已經教過好幾次了，你還是不會嗎？」但是我怕會被當成心胸狹窄的人，所以又再次親切地教他一遍。把這一切都看在眼裡的主管突然跳出來挖苦我：「你的工作也夠多了，這種無限重複的忙你要幫幾次啊？你人會不會太好了？」我想他應該是覺得我很可憐，連分內的工作都忙不完了，還拒絕不了同事的請求。

主管拋出來的那句話，讓我大徹大悟。我為自己下了結論：「對啊！我自己的工作已經夠多了，如果不懂得拒絕，老是出手幫忙，對方每次遇到問題就會反射性地來找我幫忙，對我產生依賴。」主管那句：「你個性也太好了吧？」其實講聽點就是：「你這濫好人。」真是感謝他如此委婉。想到類似這次傳真事件的無數例子，我也不自覺地苦笑了起來。

「這樣下去可不行！」於是，我下定決心從今以後要改變作法。只是沒想到，要甩掉「好人」這個標籤竟如此困難。由於我的形象已經定型，突然變了一個人，大家感到納悶不解，效果也不彰。最糟的是，我的「好人病」已經病入膏肓，心裡想拒絕、嘴上卻難以啟齒。

我除了幫大家解決問題外，也是各種抱怨、不滿與壓力的宣洩桶。大家經常會不以為意地對我說出刺耳的髒話，即使罵的對象是別人，可是那些粗俗的語氣和暴力的話語，聽在耳裡實在不好受。而且，我不知道該做出什麼反應才好，擔心一不小心加重對方的情緒，最後只能露出苦笑，靜靜地聽下去。

成為他人眼裡的好人，換個角度想就是「我對自己不好」，這現實太悲哀了。幫助別人很重要——尤其在職場上——當個好人總比留下壞印象好。但是，我卻默默地在這過程中受了許多傷，也承受了許多壓力。

我很珍貴，我唯一的人生也很珍貴。我決定要成為一個有原則的人，絕不再為「好人」、「善良的人」這些稱讚賣命。為了避免本來對等的關係，在不知不覺間成為權力傾向某一端的「甲方乙方」[33]關係，我先按照我的原則畫清界線；再研究適當的方式應對，以免讓對方感到不舒服。

如果你因為被困在「好人」框架裡而備感壓力，或是因為無法擺脫「好人病」而嚐盡苦楚，就從現在開始，訓練拒絕的方法，以及如何明確表達自己的立場吧。首先，我必須澈底讓對方認識我的喜好，他才能依據那些資訊尊重我、體諒我。因此，溝通時必須立下自己的原則，以及了解如何成熟且鄭重地拒絕。

如果對方對我的態度輕率敷衍，我就只講重點、保持沉默，這樣比說了一堆摻雜情緒的話更有效。只要表情上有一點不滿的情緒，對方就能接收到我的訊號。此外，不要一一計較對方無禮或粗魯的言行，以簡答的方式快速結束對話，也是個好方法。

除了避免被對方擺布，不失去自我，我們每個人都需要從關係中尋找自信，以及重新建立同等關係的過程。即使一開始會不自在或尷尬，只要好好克服那段過程，就可以為自己重新樹立明確的形象，讓對方知道我是怎麼樣的人，應該如何與我溝通。把精力留給自己，提升自己人生的效能和產能，人生會因此變得簡潔許多。

遠離了總是答應別人請求的「好人」形象，成為「有原則的人」之後，我反而更懂得尊重和關心他人，也學會把該說的話適時地說出來。現在，不需要我特別提示，同事也懂得配合我設下的界線和原則，知道我會積極表達自己的想法。

我做這些並不是想成為一個自私鬼，或故意待人冷漠，只是了解到自己真正的情緒和內心的想法。我這才明白：當大家有求於我時，我必須遵守自己的底線，保持我和對方的距離。

我更喜歡現在的我，懂得把話說清楚、真正做自己，而不是過去那個勉強自己當個乖小孩或好人的我。這個過程不只有益於人際關係和溝通，更讓我將自己的人生變得更清楚。現在的我，可以自己決定目標，追求想要的幸福。**我不再汲汲營營於他人的稱讚和肯定，當我做任何選擇和決定時，我都先考慮自己是否滿足，是否**

33．借用訂立合約時的雙方代稱，引申關係中有一方是主導、提出需求和目標的「甲方」，另一方是提供勞務、服務的「乙方」。

員，但是兒子卻始終拒母親於千里之外，使兩人的關係降至冰點。

母親希望兒子即使跳舞也不要荒廢課業，不要處處忤逆，尊重彼此的底線。兒子則表示，母親正處於更年期，只要兩人稍微意見不合，不管他說什麼，母親都會過度反應，認為他事事叛逆。另一方面，他也承認自己正處於情緒較激烈波動的青春期，如今母子兩人的關係演變至此也是無可避免的事。

這對母子的摩擦來自於彼此的立場差異。從這個例子中我們可以知道，人際關**係之所以會產生摩擦，最大的原因正是「對彼此所說的話和行為有理解上的差異」**，以及爭執「誰是對的？」或是執著於「誰的錯更多？」計較誰更需要負責。

人和人之間不可能沒有摩擦。無論是母子之間、朋友之間、夫妻之間、同事之間等，存在於世界上的各種人際關係，都難免會產生摩擦。但這些摩擦不見得都不**好，或一定得避免。只要能夠好好解決問題，反而能成為更了解對方、了解彼此立場的契機。**

兩人一起克服摩擦的根源後，也會對彼此更加信任。為此，雙方都該各退一步來看整體的局勢。如果這對母子能以這次的摩擦為引子，開啟溝通的契機，共同克服各自正在經歷的更年期、青春期，這段關係也會更穩固。因此，雙方應該做的是「各退一步」，尋求共識、達到彼此的目的，而非讓摩擦持續。

我的職務其中有一項是負責統整各部門的事業計畫書，需要定期發信通知請各部門於發信的兩天後把資料交給我。到了約定的期限，各部門大都會準時交出資料，某次又剩下品質管理部還未交出資料。該部門的負責人金科長[35]，幾乎每次要求繳交資料時都會遲交。因為這情況已經發生不只一、兩次了，於是我特地找上他，面露為難地說：

「科長！我要求各部門今天都要繳交事業計畫書資料，您還沒準備好嗎？我明天一早就要向廠長提交彙整好的資料，可是您到現在還沒交，我也沒辦法下班。其他部門都已經交了，您這樣不會太過分了嗎？這已經不是您第一次遲交了，請您也

35．韓國職場中「科長」，相當於臺灣職場的主任，通常工作十年左右可晉升到的職位。

站在我的立場上想想吧。」

我指責金科長未能在期限內交出事業企畫書，每次都拖延到時程，害我無法準時下班，甚至還拿其他部門的表現來做比較。通常責怪或比較會使衝突的張力加劇，即使對方原本帶著抱歉的心情，一旦面對指摘和責怪，就會馬上切換成防禦模式。如上的陳述方式，反而會讓對方神經敏感，改以強硬的態度來應付。最後演變成彼此較勁誰比較辛苦，雙方都已經很累了，還因為吵架而變得更疲倦無力。

當衝突持續，彼此原本的目的都會被拋諸腦後。因為責怪和埋怨，傷了彼此的心，也消耗了寶貴的時間和精力。想像大難來臨時，雙方若能同心協力一起游上岸，謀求生路就再好不過。偏偏情況危急之際，還只顧自己的死活，把對方的頭拚命往水裡壓，最後就是落得兩人都在水中掙扎的醜樣。

避免讓摩擦加劇，更重要的是彼此妥協和找到解決的方法。當務之急就是找出各自的「目的」是什麼，明確表達自己的要求，以肯定的言行請求對方。

「科長，明天一早我要向主管部門提交事業計畫書，可是只差品質管理部門的資料，讓我有點擔心。因為統整資料和製作報告書需要要花很多時間，所以，金科長，我知道您很忙，但是是否可以請您先把我拜託的資料給我呢？」

「我想快點收到資料」是我的最終目的，所以我唯一該做的就是快點從品質管理部拿到資料，無需因為情緒上的不滿就責怪對方。情況緊急時，如果惹怒對方，最後吃虧的還是自己。只要我好好地表明自己的處境，明確地將我的需求告訴對方，並且使用正面的語氣請求，金科長自然也會感到抱歉，盡快將資料交給我。畢竟，在正常情況下，不會有人想故意為難別人。

在此還需注意的是，必須「具體」告知對方回覆資料的時程，因為「盡快」這種字詞模稜兩可，有時侯還會因為雙方對「盡快」的認知落差，造成另一個衝突。因為有的人覺得「盡快」是一小時，有的人則覺得是下班前。遇到這種狀況，即使再生氣也要調適情緒，只需要把重點擺在最終目的，以要求對方協助的態度，明確地請求對方配合，問題才能更快得到改善和解決。在此要再次強調的是，把重點擺在自己的目標，比執著於衝突更有效率。

人無法獨善其身，也無法避免與人發生衝突。每個人都不完美，也不可能有人每件事都做到盡善盡美。因此，小至人與人之間，大至團體、社會，都會存在衝突與摩擦。我們該做的不是逃避，而是克服之後重新站起來，這個經驗是讓我們大幅成長的轉捩點。如何接受和面對摩擦，正取決於我們的選擇。

親疏關係的溝通對話法

對方和我所認為的關係距離可能不同。

我和辦公室的女員工相處得很好，除了業務上的事之外，我也會和她們分享生活瑣事，像是錢包掉了、回老家順天和朋友見面等等。那時的我認為，即使是公司同事，也不一定要刻意拉開距離，努力想和大家打成一片。女同事也會對我說的話，給予開心的反饋，辦公室的氣氛輕鬆自在。

有一天，我對一位同事自然而然地說起半語[36]：「智英，這週末記得把工作計畫寄給我。」因為沒多想就脫口而出，當下也意識到好像有些不妥，不過由於我們

36．敬語的相對概念。在韓語中，敬語多為對需要尊敬的人使用，抑或對對方表示禮貌時使用，半語大多對比自己年紀、輩份、地位還低的人，或是關係極為親密的人所使用，隨意使用會給人沒禮貌的印象。

平常都會聊天，也算交情匪淺，便不以為意。怎知她大發雷霆：「珍明，我覺得該遵守的禮貌還是要遵守！我們又不是朋友，也沒有熟到那種程度，為什麼你要對我說半語呢？」

我對她突如其來的怒意措手不及，只能像啞巴一樣，一句話也不敢說，當場僵在原地，羞愧地滿臉漲紅。我無意冒犯，卻自以為我們的關係很好而踰矩，造成如此尷尬的局面。即使感情再好、再熟，職場上還是得公私分明，對同事說半語真是不可原諒。

我的行為太輕浮了，非常不妥。事後我不斷地向她賠罪，但看來她沒這麼容易消氣。我無意不尊重比我年紀年輕的女同事，也沒有其他非分之想，可是卻因為此事被誤會成沒禮貌的人。這件事讓我沮喪了很久，但也無可奈何，畢竟是我自作多情，一時大意犯了錯。

另外還有一次失誤說半語的經驗：當時有一位與我年紀相仿的同事，我很想跟他拉近關係；平常我倆常聊天，我對他使用半語時，他也沒什麼特別的反應，所以我便自然而然地以為我們有機會成為無話不談的好友。

萬萬沒想到，這也是我的錯覺。那位同事似乎很介意我對他說半語這件事，甚至還聯絡了我的直屬主管，表達心中不悅。主管問我：「你跟人家又不熟，為什麼要講半語？」讓我好生尷尬，只能無言以對。如果他在感到不舒服的當下就對我說明，我馬上就會明白並改正自己的行為。不料，他居然直接找上我的直屬主管，讓我感覺自己像個傻瓜，內心五味雜陳。

以上兩種情況都是在我還不成熟，處於社會新鮮人時期所發生的事。這些經驗，讓我重新反思與人相處的距離。讓我驚訝的是，我自以為交情很熟又走得很近的人，或是相處融洽想更進一步深交的人，他們卻不是這樣想的。更諷刺的是，他們其實和我相處時很不自在，認為我是個無禮的人。

在此之後，我不敢再隨意對任何人使用半語，也不敢再私自認定與別人的交情有多好。如果遇到我想深交的人，我會花更多的時間和努力，慎重地與對方溝通。

別人與我所認知的關係遠近，很有可能天差地遠。以「說半語」為例：在某些關係裡，可能被認為彼此夠親密且無話不談，相處起來很舒服；在某些關係裡，卻可能造成彼此的尷尬或不舒服，抑或被認為是踰矩無禮的行為。推測關係的距離原來這麼難，真是我始料未及。親疏遠近很難以客觀量化的數值或分數來制定基準，若是對方沒有具體表達出來，就必須以過去溝通時的談話過程、行為、非語言的肢體動作等資訊來判斷了。

性格因人而異，有的人個性直接，會明確表現出自己的喜好，有的人則是個性迂迴，不會破壞對方的心情，大致上都努力配合。

然而，關係的距離並不是鐵板一塊，昨天和今天就不一定相同，隨時都可能因為外部情況、心理狀態、時機等原因而改變。每個人的溝通方式不同，世事總有變數，也不用因為自己推測與對方的關係距離遠，就雙手一攤、什麼努力也不做。想要順暢地溝通，捷徑之一就是根據關係的距離，時時調整溝通的方式。

精神分析專家金惠男在《你和我之間》中，將關係的距離分成：家人和我之間的距離是二十公分，朋友和我的距離是四十六公分，同事和我的距離是一點二公尺。

距離愈短代表關係愈親近，距離愈遠代表關係愈陌生疏遠。

像家人或老朋友這類比較親近的關係，可以傾訴內心話和煩惱，相處起來比較親密，能夠直接了當地表達自己的想法或情緒。通常，我們也比較能敞開心胸地接受對方真心的建議，感謝對方的積極關注與貼心照顧。當然，關係愈親近，有些事情也更要小心。交情再好，還是必須尊重彼此的私生活，關係愈親近，就愈要顧及那些自以為理所當然的事。

相反地，初次見面或認識不久的人、因為工作而認識的人、團隊共事的同事等，距離有一公尺以上，屬於有些疏遠的關係。溝通時，必須遵守基本的規矩和禮貌。重要的是，言行舉止都要尊重和照顧對方。

聊天時，可以從比較大眾的話題，如天氣、時事、共同的話題或興趣等聊起，盡可能避免敏感或讓人不自在的家庭、戀愛、結婚、生子計畫、放假時的行程或旅行計畫等私人問題。

如果公私界線模糊或缺少關於對方的資訊時，可以先詢問對方的意願再繼續聊。

聊天時，向對方坦誠自己的顧慮，觀察對方的反應，這樣一來，對方通常會因為你的貼心體諒，以及慎重有禮的舉動，對你多些信任，進而敞開心胸。久而久之，兩人聊天時的氣氛就會更自在。

適當加入一些幽默感當作潤滑劑，緩和尷尬的氣氛，簡單的玩笑也有助於化解僵硬的氛圍。建議各位可以先從親近的關係中練習，看情況發揮一點幽默感，並謹慎地運用在有點距離的關係之中。不同的關係，存在性別、世代、職業、宗教、個人價值觀和認知等差異，每個人能接受的程度或理解各不相同，稍一不慎就可能會造成反效果。

我們應該先掌握關係的距離，再尋找適合的溝通方法。初識不久、剛建立起關係時，溝通前先想想兩人關係的距離，並試著培養能夠分析彼此心理距離、未來這段關係會如何的眼光。

認清溝通方法會因為彼此的親疏遠近而有不同調整，就可以有開放的態度去理解關係的距離隨時可能改變。記著「以雙方的距離」來制定溝通策略，只要持續練習，自然而然就會養成觀察關係的慧眼，以及能夠讓關係長存的溝通能力。

溝通不是九局下半兩人出局的全壘打

再難熬也不要逃跑，否則克服不了的事會一直跟著你。

過去幾年，我無法和主管或同事建立良好的關係，所以在公司過得很辛苦。我的第一份工作，和主管起了很大的衝突，深感挫折的我決定辭職，什麼努力都沒做就落荒而逃。

進了另一間公司後，我發誓絕不要重蹈覆徹，不再成為逃兵。在新公司的前兩年沒什麼問題，但是時間一久，我在第一間公司所遭遇的事，開始一件件地發生了。我和主管的衝突愈來愈多，認為我好欺負的同事也陸陸續續出現。因為人際的問題，讓我的工作生活日益痛苦。漸漸地，我開始懷疑第二間公司也不適合我，這裡不是我命定的職場而打算離職。

然後，某天我在看書時，被一段話深深地打動：

「克服不了的事，會持續跟著你。」

現在離開這間空司，雖然暫時可以擺脫糾結的人際關係、重獲自由，但是找新工作又得耗費更多時間和精力，而且誰也無法保證下一間公司就不會再發生同樣的問題。公司不會都是合作愉快的人，我也沒有權利選擇共事的人。正如上述這句話所說，**克服不了的事情會持續跟著我，如果我一直選擇逃避，事情就會一再發生。**這個問題拖得愈久，我是不是就愈難克服人際關係帶給我的傷害和恐懼呢？人總是需要工作，也不可能永遠不和別人打交道。

「是嗎？那就來看看誰是最後的贏家！」

我決定不再逃避，正面迎戰。我開始閱讀所有跟溝通相關的書籍，像是人際關係和心理、對話的方法、職場生活處世之道等主題的書。下班後，我排開其他雜務，將時間投資在閱讀上。只要某本書能改善我的現況，哪怕只有一小部分，我也會一直讀到睡前一刻。

有時候，我甚至會熬夜看書直到眼泛血絲，隔天再匆匆忙忙地出門上班。週末也像準備聯考般，如火如荼地學習溝通。如果讀到重要的內容就畫底線，把應該參考的內容筆記下來。涉獵這些內容的同時，我也漸漸釐清至今所遭遇的問題，找到我在人際關係中屢屢受挫的根源。當我找到原因，便理解了關係或溝通的脈絡，「未來無論遇到什麼人，我都想和他好好相處！」的野心也油然而生。

當然，我的溝通能力大幅提升，並非只靠看書而已。理論和實戰不同，這個世界的運行也不總是理性且有邏輯性。即使累積了溝通相關的知識或資訊，也培養了關係或情境的洞察力，短時間內還是很難有翻天覆地的改變。反而因為工作忙碌、精疲力竭的情況下，還要在生活中落實溝通練習，深感心有餘而力不足。假日就算休息了一整天還是覺得疲憊，我不禁懷疑自己，把日子過得如此複雜又辛苦，到底是為了什麼？

「低潮」是努力達成目標的人都會經歷的陣痛，為了在反覆經歷低潮和重新站起來之後能成為溝通專家，我決定做出更具體的努力。

我接受了專業的心理諮商，更進一步了解我的無意識和內在，也正式地學習心理學等相關知識。一般上班族到了週末，大多是休息或旅行，讓自己的腦袋冷靜並充電，我卻一心埋首於溝通學習。任何研討會、演講、聚會，只要有助於溝通學習，我都會參加。

一段時間後，我將蒐集累積的資料和資訊，整理發表在部落格上。以我所學、所領悟的內容為基礎，以及應用到實戰的經驗談。我觀察主管和同事，分析他們行為背後的動機與原因，並以此為依據制定具體的溝通策略。雖然結果不一定和我所制定的策略相同，但是仍帶給我許多幫助。

在人際關係中，讓我感到不知所措或難過的事情明顯減少。我訂下了原則，制訂出一套自己的溝通指南。透過這個過程，現在的我，已經不會被他人或當下的情況擺布，能夠握有溝通的主導權。甚至不知從何時開始，我明顯感受到和其他人溝通時，能如行雲流水般順暢。凡此種種的改變，都令我心存感恩。

我就這樣和溝通及人際關係搏鬥了好多年。**我曾想：為什麼別人看起來都沒有**

人際關係的問題，只有我為了人際關係而煩惱呢？我也常對這麼想的自己感到心寒。我也曾經滿心不安和掙扎，因為我不確定學習了溝通，痛苦的人生是否就會好轉。我之所以沒有放棄，是因為當我學了愈多關於溝通的知識，我不但能看到自己的煩惱和問題，也能幫助那些和我一樣在人際關係上受挫的人。

當我愈深入了解溝通，我就愈能感受自己的進步，也確信**溝通的力量，就是讓人生順遂的力量。**我因為學習溝通而一點一點地改變，我想向其他人分享我在學習的過程中所累積的知識和經驗，想告訴他們：當溝通能力提升，生活品質也會跟著改變。現在的我，雖然還未完全通曉人際關係的一切，也並非在每段關係中都能完美地溝通——事實上那也是不可能的事——但至少我找回了自信。

選擇不逃避，嘗試著克服問題的過程中，我獲得了很多領悟，我的生活也朝著不同的方向前進。過去的傷口不再只是傷口，反而成了我學習溝通的轉捩點。我決定寫一本書，讓更多人知道每天學習溝通會為人生帶來什麼改變。學習溝通讓我對各種各式各樣的人類心理領域產生興趣，也改變了我人生未來的藍圖。

棒球如果到第九局下半、兩人出局的時候，一擊全壘打就能帶來戲劇化的逆轉勝。在體育競賽中，只要在規定的時間內獲勝就好，比賽的過程中，可以出現無數次戲劇化的反轉。

人際關係中戲劇化的反轉，必須每天毫無間斷地學習溝通，努力與他人保持溝通。俗話說：「活到老，學到老。」我們在日常生活中，也要持續鍛鍊溝通的能力。只要能解決人際關係的痛點，日常生活和人生的能量都會變得不一樣。我們應該節省自己寶貴的時間和精力，專注在更有價值且重要的事物上。

現在的我，感到前所未有的滿足、幸福。為了不再回到過去那個不善溝通、對一切都不熟練又害怕的日子，我每天持續訓練溝通的能力——如同每日深蹲以鍛鍊核心肌群那樣勤奮——好迎接未來一連串強化溝通能力的新嘗試和挑戰。

命運掌握在一個人的性格，性格的養成來自於他的日常習慣。因此，我們必須在今日種下良好行為的種子，待他日培養出好習慣。用好習慣駕馭個性，從那刻起，命運就會打開一扇新的大門。

——戴克（Thomas Dekker）

chapter

4

擺脫人際關係恐懼的「每日溝通學習」

亂的風景。那本書就是告訴我們十分鐘有多偉大的著作——作家林苑花的《一天十分鐘讀書的力量》。當時的我，因為和主管溝通不良，導致嚴重的衝突，在職場生活中飽受壓力。每天心裡都會閃過數十次辭職的念頭，早起上班成了一件極為痛苦的苦差事。

讀到這本書的時候，作者的故事讓我產生極大的共鳴。尤其是她寫道自己還是新人，在大學附設醫院的加護病房擔任三班制的護理師時，為職場人際關係所苦的故事，我完全能感同身受，也感到被安慰。當時她的職場生活很痛苦，甚至讓她有過消極的念頭。但是，她靠著專注讀書的力量克服了危機，最後還達成了夢想。於是，我也開始實踐她的方法：每天上班前，比平常早起十分鐘專心讀書。

上班前十分鐘的專注讀書，帶給我正面的動力，也讓我充滿自信。因為上班而感到的恐懼和不安減少很多，和主管的關係和溝通也漸漸改善。起初，我只是對作者和我類似的生活有共鳴，所以想實踐她的方法，沒想到從此之後，正能量和充實感一點一滴地將我的生活填滿。

嘗試專注讀書兩個月後，我養成早上讀書的習慣，並開始冥想。「冥想」是讓自己擁有一段屬於自己的寧靜時刻，是一段和自己內在對話的時間。上班前冥想，我會詢問或觀察自己當下有什麼感覺、心情如何、身體的反應又如何。

大約和自己寧靜相處五分鐘後，我會在冥想音樂的輔助下，想像主管對我笑的樣子，以及當我完成任務時被主管稱讚的樣子；我也會想像今天會遇見的同事，想像我們邊笑邊同心協力完成工作的樣子。每當我想像這些，就會不自覺地嘴角上揚——這叫做「溝通冥想」。每天冥想過後再上班，我所想像的畫面經常會真的發生在現實生活中。

每天和自己溝通，可以照顧到自己的情緒和心理；當情緒穩定，無論遇到什麼狀況，都能從容以對。當我養成每天溝通冥想的習慣，想像自己想要的一天之後，很神奇的是，我和主管的摩擦減少了，和同事之間的關係也變得更舒服自在。

逐漸習慣這個生活模式後，我便將溝通冥想延長到三十分鐘。這段時間是我專注在自己身上的寧靜時刻，也是我用來想像一整天會如何發展的時間。我之所以能夠持之以恆地維持這個生活模式，就是因為**上班前十分鐘所做的事，能夠決定一整天的第一印象**。

要是不小心睡過頭，不得不省略這個過程，那天就會暈頭轉向地開始和結束。如果因為太累或嫌麻煩，心想：「一天沒做應該沒關係吧？」之後就會明顯發現，沒有冥想的日子，活力和集中度都特別低落。簡單來說，省略冥想和執行冥想，生活品質相差甚遠。所以，我至今仍持續不斷地實踐。

養成原本沒有的新習慣，不是件簡單的事。早上準備上班已經夠忙碌，如果還想再做什麼，總覺得太困難了。我也是花了超過三個月的時間，好不容易才養成溝通冥想的習慣。如果你因為公司的壓力太大，每天都拖著沉重的身體起床，那麼我推薦你嘗試養成這項新習慣，因為上班前十分鐘可以決定你的一天的想法。

不一定要跟我一樣看書或冥想。你可以簡單地伸展或是喝杯茶，聽聽能夠平靜身心的音樂，或去散步也不錯。對著鏡子擺出燦爛的笑容，又或者，為即將展開「新的一天」的自己打打氣。這些，都能幫助你開啟溝通能力滿分的一天。

安排一天三次傾聽內心的時間

我們必須接受並承認自己所感受到的情緒。

某次，我接受了一場以「無意識的對話」為主題的一對一心理諮商。在心理師的引導下，我覺察到了內心三種較明顯的無意識狀態：強悍的小孩、善良的成年男子、蜷曲在角落的小孩。事實上，我們每個人的內心，都存在著許多不同的無意識狀態，差別在於我們有沒有去覺察出這些狀態與情緒。

上一秒興奮雀躍，下一刻可能突然憂鬱了起來；本來正準備大發雷霆，轉瞬也許又被恐懼包圍……我們的內心情緒就是如此變化多端。在這個複雜和無限競爭的社會中，有愈來愈多人想了解保護自己的防衛機制，和心中搭建的無意識世界。我藉著這次諮商，解開了之前主管和同事輕率待我，我卻無法出言反擊的原因，也釐清了為什麼我無法鼓起勇氣，抬頭挺胸地說出我的主張。

原來是在我的無意識中，「善良的大人」壓制了「強悍的小孩」。被壓抑的無意識不會消失，反而會時不時跳出來「提醒」我們。雖然我對外想展現出善良、親切，但是另外一面的我也想對別人發脾氣，想理直氣壯地把我的意見說清楚。我也想和那些堅持己見，大聲說出自己聲音的人一樣，成為氣場強勢、讓別人不敢隨意怠慢的人。

每當我做出好人的行為時，這些情緒和欲望就會一直湧上。那個被我壓抑的無意識之一「強悍的小孩」，會一直向我送出訊號，不斷在我內心哭嚎，要我注意他，吵鬧到最後，哭累了就平靜下來……這樣不斷反覆著。強壓下來的情緒，變成了強烈的反撲，在我心中醞釀著更大的怒火。

不要一味壓抑自己的無意識，而是試著與這些情緒跟聲音對話，接受和承認自己的情緒。**當情緒湧上時，傾聽自己內在的聲音，問自己為什麼會產生這股情緒，這股情緒想要表達什麼。**很多時候，光只是練習關心情緒、探索情緒，就可以自然解開或解決當前的煩惱和擔憂。

不久前，我看到一個小孩哭喊著：「媽媽，媽媽……」並跌跌撞撞地追在母親身後。他哭得很傷心，整個社區迴盪著他的哭聲。可是，他的母親卻頭也不回，無視於孩子淒厲的哭聲，彷彿聽不見孩子哭喊著：「媽媽，看我！」的聲音，只是一股腦地快步前行。孩子的哭聲變得更大，腳步也更焦急。

我看著那幅景象裡可憐的孩子，無法移開視線。看著無視於哭喊的孩子，自顧自加快腳步的母親，讓我想到拚命壓抑情緒、忽視於無意識中「強悍的小孩」的自己。或許，這情景可能是母親教訓無理耍賴的小孩，但若非特殊情形，孩子會忽然哭鬧必然有原因，一般家長都會關心孩子為什麼哭，不會視若無睹。

如果孩子哭鬧時，父母願意傾聽他說的話，伸出手擁抱他，孩子就會感覺到自己的情緒受尊重，感覺父母承認自己的存在而有安全感，自然就會停止哭鬧。我們內心的無意識和現實中的情緒也是如此，所以這時就要像安撫哭鬧的孩子一樣，聽聽它們哭鬧的理由，伸出手擁抱它們。**當我們原封不動地接受和承認那些情緒的存**

在，才能化解被壓抑的情緒。我的心也因為被自己緊抱，而慢慢感到安穩。

過去，我因為和公司主管溝通不良而產生不少摩擦，因此不安、逃避、無力、失眠，甚至飽受強迫症等多樣心理問題所苦。即使做了心理諮商，也去了有名的韓醫院看診、拿藥，但是都只能暫時緩解症狀，不能根本解決我的心理問題。每當我以為自己快要康復了，不安的症狀又再度發作，時好時壞。專家的諮詢或調節症狀的藥都只能應急，要想斷除病根，澈底痊癒，還是得靠自己努力。

我之所以能擺脫困擾多年的心理問題，最要歸功於「一天三次傾聽自己心聲」的習慣。上班前，我最常聽到的心聲就是：「我不想上班！」這時我會和內心對話：

「為什麼你不想上班呢？」

「我不想見到每天只會生氣的主管！」我的心如此回答。

「原來如此，你不想看到主管啊？也是，主管每天就只會生氣，當然不想上班。」我同意我的心，並且試圖安慰他。

「嗯！可是你這麼討厭上班，還是忍耐一切去上班，真的很了不起！」

我看著鏡子，把想對自己說的話說出來。我會溫暖地勉勵自己，也會大聲地說出我希望今天是怎麼樣的一天。採取以上的方式，就會讓本來討厭上班的心聲，變成：「今天也好好度過這一天吧！」

當不安和擔憂縮小，多出來的位子，自然就被「今天應該怎麼過才能過得好？」的想法填滿。法輪法師[37]曾說過：「人心善變，一天可以改變數十次。」大部分的人每天忙著工作，有些人除了工作還要照顧孩子，幾乎沒有時間了解自己的情緒、照顧自己的內心。在不妨礙日常生活的前提下，我會建議大家嘗試一天傾聽自己的心聲三次。

我傾聽心聲的時間分別是：「上班前十分鐘」、「吃完午餐後十分鐘」、「睡前十分鐘」，一天三次、每次十分鐘，共三十分鐘。在傾聽心聲時，要特別注意兩

37．법륜스님，Venerable Pomnyun Sunim，韓國僧侶、社會運動者，以佛學大師和人道工作者的身分而聞名，二〇〇二年獲得有「亞洲諾貝爾獎」之稱的「麥格塞塞獎」(Ramon Magsaysay Award)，被譽為韓國新佛教運動的領袖，受到韓國社會的尊敬。

件事——獨自待在能夠專注的寧靜場所，以及連續執行三個月。

傾聽心聲的方法有很多。可以在鏡子前看著自己，也可以一邊寫日記一邊進行；用冥想的方式，或安靜地一個人散步也可以。多方嘗試之後，選擇一個最適合自己的方法，並堅持下去。我自己會混搭上述所說的各種方式。

早上上班前，我大多會看鏡子或冥想。忙碌的時候就會趁開車時，聽冥想音樂取代，藉音樂讓腦袋淨空。午餐後，我會到公司的屋頂，看著一望無際的風景，暫時冥想一小段時間，或抬頭看看天空。如果空閒時間較多，我也喜歡散散步，順便幫助消化。如果當天工作比較忙，我就會去洗手間，刻意待得比平常久，或給自己一段可以停頓的時間。我習慣在睡前寫溝通日記，太累的時候就以深呼吸取代，然後帶著平靜的心入眠。所以說，傾聽心聲並沒有固定的方法，可以根據自己的狀況彈性調整。

一天讓自己有三次左右的時間，可以停下手邊的工作，感受當下。當你傾聽自己的心聲，就會出現許多變化，如：避免突然情緒失控。週期性地讓內心有休息的時間，也可以常保心情的平靜。如果心情冷靜、情緒穩定，不管遇到什麼突發狀況，都能夠從容應對。

即使有人說出會讓你心情起伏的話，因為有了更從容的心，這些言論也比較可以輕鬆看待，甚至懂得區分對自己毫無益處或根本無需理會的言行。這項習慣可以短時間根治心理的問題，長期執行更能強化溝通能力，讓自己變得更堅強、堅定。

下成長，還有男女本質的想法差異，加上溝通的型態不像公司裡有分明的尊卑關係。夫妻也不像父母和子女的關係，一方付出父母的愛，另一方則盡子女的本分。

大家應該都有這樣的經驗：穿新鞋的時候，無論鞋子再怎麼好穿，第一天還是可能會因為穿不習慣，後腳跟破皮或磨出水泡。穿在腳上的新鞋如此，更何況是兩個完全不同的人相遇後共組家庭一起生活呢？彼此衝撞磨合的過程，肯定難受又痛苦。如果摩擦持續發生，兩人就會像穿新鞋到最後破皮見血，因為溝通溫差太大，而互相傷害。

我們才剛新婚，各自的自我意識還很強，但我們卻沒有付出足夠的時間去了解對方的想法。如果我們持續衝撞磨合，或許銳利的稜角會漸漸磨鈍，最後找到彼此都感到合宜的溫度，避免過冷或過熱，達到關係的平衡。

和對方愈親近，我們對彼此的期望就愈多。起先覺得感激又感動的事，時間一久便逐漸習慣，甚至認為理所當然。本來，我在週間至少會挑一天下班從牙山開車到清州，那時候的妻子開心又感激；而我一想到她開心的樣子，就算當天再疲倦，在去找她的路上，卻一點也不覺得累，反而很期待、興奮。

然而，日子一久，這件事被視為理所當然，我們也漸漸無法顧慮到彼此的狀態和立場。我們無法預知衝突何時會爆發，但難道沒有一種溝通方式，能夠避免不滿累積到頂點，或是改善這個情況嗎？

如果疲累至極，與其勉強自己去清州，不如向妻子好好說明自己的狀態和公司的情形，然後回家好好休息呢？一般人通常不會主動提起自己辛苦的一面，但是平常努力遵守約定、踏實地做好每件事，那麼偶爾向對方坦白自己的情況，取得對方諒解，或許是比較好的方式。在冷靜的狀態下聽對方訴苦，對方通常會理解，並提供協助——我想，妻子應該也是這樣的心情。

站在她的立場來看：那天的她也特別累，本來滿心期待，能夠和難得見面的丈夫吃頓好吃的晚餐，充充電。可是，看到我累癱的樣子，本來的期待瞬間轉為失望，在互相不知道對方今天特別疲倦的情況下，她向我發了牢騷，而我因為她的牢騷而發怒，兩人互不相讓，演變成火上加油的局面。

現在想想，如果那時候選擇不責怪，冷靜地好好說明我一整天的狀況，或許事情不會惡化到那種程度。妻子也會對我敞開心胸，說自己也累了一整天，為自己發牢騷而向我道歉。當然，更不會說出和別人比較的話了。

相互指責、批評，或是將對方和其他人比較，在夫妻之間最容易造成傷害。這種對話會急速拉開溝通的溫差，讓衝突加劇。在關係之中，掌握溝通的溫差很重要，就像水如果太冷或太燙，都很難入口，溝通也需要調節到適當的溫度。雖然這一節我以夫妻衝突為例，但是包含夫妻關係在內的任何關係都適用。對話時，找到適合彼此的溫度來溝通很重要。

當對方太燙，就要懂得退一步，讓他冷靜；如果對方太冷，我就必須向前一步。當然，有的時候需要給對方足夠的時間，等他自行冷靜下來或融化。

為了找到和對方最合適的溝通溫度，必須先了解為什麼我們會有溝通溫差。產生溝通溫差的最大原因，來自每個人成長的環境、個性、價值觀、共感能力，以及當下的處境差異。**不管關係再怎麼親密，每個人都是獨一無二的。因為對方和我不**

一樣，我們的意見、想法、行為，自然也不可能完全相同。

如果可以事先掌握彼此的溝通溫差到底有多大，就能以彼此都舒適的方式來進行對談。以性格和現況為例，如果對方喜歡講話，那麼聊天時只要聊我們的共同話題，溝通就會很順利；相反地，如果對方的話不多，那麼為了不讓氣氛尷尬，自己也不要說太多話，試著配合對方說話的步調來溝通比較好。

我建議可以一邊觀察和照顧對方的心情和狀態，一邊調節溝通的張力和密度。如果對方本來很活潑，可是今天看起來心情格外低落，那就依他的狀況調整對話的溫度；如果對方本來就安靜內向，可是今天看起來情緒特別高昂，或是很積極表達自己的主張，就可以按照他的狀況做出適當的反應。

為了好好調節溝通的溫度，最好能細心觀察對方的表情、語氣、說話的語感、行為或心情的變化等。如果對方的表情愈來愈僵，或一下子話變少，而且你感覺到對方的語氣變得尖銳，就代表彼此的溝通溫差變大。

只要發現到彼此的溝通溫差，就必須努力縮小溫差。最好的方法就是，設身處地為對方著想。如果衝突還未發生，就有機會避免，如果衝突已經發生，這麼做就能找出解決衝突的關鍵。如果能從對方的立場來看待一切，衝突自然會像魔法般化解。這讓我想起某位韓醫院院長說過的話：

「將熱水倒進冷冰冰的杯子，杯子會碎掉。有過失的既不是熱水，也不是冷冰冰的杯子，而是倒水的自己。」

調節憤怒情緒的三個建議

生氣時與其責怪別人，不如回頭看看生氣的自己。

人類和動物不一樣的地方在於，人可以思考、想像，以及表達情緒。人類是有情緒的動物，只要是人都會有喜怒哀樂等情緒——當然，情緒的範圍不只局限「喜」、「怒」、「哀」、「樂」這幾個單字，用來代指情緒的單字和定義其實非常多。

如果人沒有情緒會怎麼樣？沒有情緒，就無法從心愛的人身上感受到完整的愛，還伴隨著嫉妒、憎惡、憤怒、悲傷、懷念等各種情緒。日常生活中的小確幸，人生路上印象深刻的驚喜和感動，全都是因為擁有情緒才感受得到。

無數的情緒中，「憤怒」是人類為了生存所必備的情緒。原始時代，人類利用憤怒驅趕外來威脅以保命，培養出保護自己的力量和勇氣。人類從原始時代獲得的憤怒情緒一路進化至此，即使現代社會並無猛獸或其他部落的侵害，可是人類為了保護自己，仍然會利用憤怒的情緒。

現代社會的憤怒，已不是原始時代單純是為了生存的工具。憤怒的目的不只保命，也有如排解因為承受難過的處境所累積的壓力、為了向對方報仇、當事情不如意時所延伸出來的挫折與失望等，這些都會以憤怒的型態表現出來。

憤怒跟喜悅、愛情、悲傷等情緒一樣，是人類自然的情緒之一，因此憤怒本身並非壞事。只是，憤怒通常伴隨具攻擊性的行為，可能會傷害他人，如果不懂得控制，就會對人際關係造成不好的影響。在大家共同生存的環境中，控制憤怒和管理情緒很重要。否則，不只是職場生活，連社會活動都會受限，讓自己面臨危機，甚至影響婚姻生活。

雖然前面我已經提過很多次，但是講到「憤怒」，我不得不再次提到那些引導我邁向每天學習溝通的人，也是將我磨練得更堅強的導師——我公司的主管們。擁有易怒性格的人，大多說話大聲，用詞也很直接，讓他們成為讓人避之唯恐不及的人。他們通常堅持己見，聽不進其他人說的話，溝通方式多以自我為中心，且會向對方施壓。這種溝通方式，最終一定會影響到人際關係。

憤怒的情緒一旦表現出來，就會愈來愈劇烈，就像愈常使用的肌肉愈發達。神經迴路也是如此。愈常宣洩憤怒，和憤怒相關的神經迴路就會愈發達，即使只是一件小事也會觸發動怒的神經。長此以往，即使瑣碎的小事都會習慣以憤怒來反應，遇到類似的問題就以生氣來解決。**如果不懂得控制怒氣，和他人的關係不只會持續惡化，身體也會分泌壓力激素，使自己在不知不覺中生病。**

「情緒控管」是建立和維持所有人際關係時的必備能力，只要能控制好易怒的情緒，和其他人的關係和溝通就會順利許多。當憤怒的情緒出現時，試著先停下來三秒鐘。大家可以根據自己的情形，從以下三種方法擇一練習。

第一，練習生氣的時候，先回答以下問題之後再生氣。

「我在這情況下生氣適合嗎？」

「如果生氣，這個情況能好轉嗎？」

先試著思考當下的狀態。不當的情緒宣洩，最後仍無法改變任何事。只要本人能體悟到這件事，情況就會慢慢改變。舉例來說，下屬在重要的業務上犯了錯，大部分的主管都會生氣，此時先試著回答上述所說的問題，就會得到以下結論：「我現在即使生氣，也無法改變他已經犯錯的事實。現在最重要的就是解決問題，在這個節骨眼下生氣，只會影響我的情緒、消耗我的精力，把部門的氣氛搞僵，而且也解決不了問題。」

當然，在怒氣高漲的狀況下思考並回答這些問題很難，但是每當發生類似的狀況，都能意識到自己正在生氣，而且願意不斷嘗試，最終一定會有所轉變。我生氣的時候，會使用上述的方法。如果是很小的失誤，或不需要馬上做出反應的事，我就會先調整情緒再回覆。

因為主管突然生氣的話，下屬會感到焦慮崩潰，愈緊張就愈容易失誤連連。為了順利解決問題和提升工作效率，不如等到事情解決到一定的程度後，再提出意見。如此一來，下屬也更能聽進主管的意見。

第二，當憤怒的情緒湧上時，先深呼吸，感受自己全身的感覺、想法、情緒。只要先停下、大口深呼吸，就可以切斷一波接一波湧上的憤怒連結。而且也能透過五感刺激，緩和憤怒的感覺。

法輪法師曾在〈即問即說〉[40]中回覆聽眾的問題：如何控制情緒。法師說：「看月亮的時候，有的人會難過，有的人會開心。可是月亮並沒有傳達悲傷或喜悅，也就是說悲傷或喜悅，並不是月亮（對方）帶給我的，而是發自我的內心。因此，生氣時，與其責怪別人，不如回頭看看生氣的自己，自我領悟到是『我在生氣』。只要能持續意識到這件事，那麼易怒的情緒就會一點一點得到改善。」

正如法輪法師所說，每當感到憤怒時，都能練習察覺自己的情緒，自然而然會

40．收錄於法輪法師所創建的 YouTube 頻道。

以更緩和的正面行為取代生氣。

第三，當憤怒的情緒高漲時，馬上離開原地。情緒的力量很大，可以在當事人毫不知情的狀況下控制他。一旦被情緒控制，再理性的人也會失控。平常冷靜的人如果被情緒擺布，態度也會一百八十度大轉變，除了自己辛苦，也會在無意間傷害到他人。如果不想被情緒擺布而搞砸關係，那就馬上離開現場到其他的空間去。暫時到安靜的地方散散步、透透氣，給自己一點時間轉換情緒。

如果還是無法消氣，就在不妨礙別人的情況下放聲大喊，盡情飆罵髒話也無妨。如果所處的環境無法大叫，就把自己想說的話寫下來，宣洩自己的情緒。這樣一來，心情會比較輕鬆，怒氣也會跟著緩和下來。

雖然憤怒情緒無可避免，但憤怒的產生通常都有原因，只要我們能控制，它就會變成強力的溝通武器。下次，當你感到憤怒時，不妨試試以上三種做法吧。

表達我的情況、行為、情緒、請求

同樣的一句話，卻會因為說的方式給人不同的感覺。和別人談話時，說話得要謹慎，但知易行難，實際執行並不容易。人難免會說錯話，或是因為一時的情緒把話說得太快，尤其是憤怒失控的時候，容易口無遮攔，讓場面一發不可收拾，或是傷害到身邊的人。

如果是以怪罪、責備的語氣表達自己的情緒，可能會讓對方產生抗拒的心理，不顧衝突的原因或談話的本質，就先開啟自我防衛機制，讓原本可以小事化無的問題演變成一發不可收拾的局面。

表達得好，就有機會扭轉劣勢；表達得不好，就會變成一種「暴力」。如國際非暴力溝通中心創始人——馬歇爾・盧森堡博士（Marshall B. Rosenberg）所提出的「非暴力溝通」理論。

多數人不知道在衝突下，該如何表達自己的想法或情緒，才能讓對方有效接收自己的訊息。很多人也沒想過短短的幾句話，可能讓自己失去更多；更多的情況是，根本沒有意識到自己需要改善溝通方式，或雖然知道自己的溝通方式有問題，也有改善的意願，卻不知道具體的作法。這種情況就像，人們都很清楚健康很重要，卻常常忘記提醒自己「落實」健康生活。

不健康的習慣會讓人失去健康，不夠聰明的說話習慣，最終會讓自己失去珍貴的關係。無法好好表達情緒就會造成衝突，沒有效率的溝通最後也只會阻斷自己和別人的溝通和交流。那麼，在衝突之中，我們該如何健康地表達情緒，才能有效地溝通呢？先來看看我和妻子的故事吧。

一直以來，我習慣不和別人商量解決問題的方式，凡事都自己決定、自行處理。有一次，我實在承受不了和主管溝通不良帶給我的壓力，幾乎無時無刻不在煩惱，內心極度焦慮不安。當時的我心想：「這樣下去不行！」便報名了住家附近的冥想中心，一個月大概需要十萬韓幣。

當我結完帳、回到家，突然想起妻子曾要求我，無論什麼事都要先和她商量；但我想到，妻子最近也因為工作忙碌疲憊，這種事似乎不用讓她操心。經過一番苦思後，我決定不說。

直到某天，妻子無意間看到我的手機傳來一封十萬元扣款的簡訊通知，問我那是什麼。我很清楚如果說實話，她會有什麼反應，便思考著該用什麼話來搪塞。只是，一時之間我也想不出任何藉口，最後還是向她坦承那是冥想中心的報名費。她一聽完我說的話，便以嚴厲的語氣說：

「我不是說過，不管是什麼事都要和我商量嗎？你又自己決定了！你真的讓我壓力好大！煩死了！」

我難以理解妻子的話，於是回說：

「我是看妳最近很累，怕妳操心才刻意不說的，妳為什麼要對我發脾氣？況且，我又不是把錢花在沒意義的地方，我是真的很累才報名的，妳這樣說話才過份吧！」

「忽視妻子的要求」是我們爭執的原因，而妻子情緒失控說的話，成了這場衝突的導火線。

當妻子對我說：「你真的讓我壓力好大！煩死了！」使用了「You message」，這是把矛頭指向對方，將自己的情緒轉嫁給對方，或責怪對方時所使用的表現。「You message」會讓對方感覺被責怪、輕蔑。當對方接收到這個訊息，就會像那時候的我一樣，馬上作出反擊。如同被某個人威脅而必須保護自己的生存本能，立刻發動自我防衛的機制。

所以，我們該如何表達情緒，才能夠避免刺激對方的生存本能，避免衝突發生呢？就是使用「I Message」。客觀地闡述自己的情況和行為，先表達自己的情緒後，再要求對方。「I Message」是以「我」的立場來表達情緒，不會把自己的情緒轉嫁給對方，也可以明確地表達出自己的情緒。

「I Message」和「You message」不同，在傳達自己的情緒時，不會責怪對方，也能展現出尊重對方的態度。如此一來，不但可以阻止爭執擴大為更激烈的衝突，也提供了和好的機會。為了幫助大家理解，我將妻子的話解析為情況、行為、情緒、請求四個階段。

第一階段：必須表達出現在的「情況」

「我曾經請你在做任何決定前，要和我討論商量。可是你報名了冥想中心，我卻完全不知情。」

第二階段：說出對方做出的「行為」

「你沒跟我商量，就獨自決定要去冥想中心。」

第三階段：說出自己產生的「情緒」

「我知道你有自己的理由，但是同時我也很難過。我們已經結婚了，我是你的妻子，若你私自做決定，會讓我有不被重視的感覺，這讓我很生氣。」

第四階段：提出自己希望對方怎麼做的「請求」

「我希望以後不管是多麼小的事，你可以先和我商量再決定，我也一定會和你一起討論。」

和責怪對方和使用嚴厲的語氣講話相比，用上面的對話方式表達情緒，氣氛明顯不同。像這樣以客觀的角度，冷靜說出自己的狀況和對方的行為，以「I Message」直接表達自己的情緒，就可以避免不小心就變得負面又情緒化的溝通或衝突。我們可以參考狄克梅爾（Don Dinkmeyer）和麥凱（Gary D. McKay）在《阿德勒的情緒課》（*How You Feel Is Up to You: The Power of Emotional Choice*）一書中，提出的下列四點注意事項。

第一，必須使用尊敬對方的口吻。不僅是語氣，包括表情、肢體動作都必須尊重對方，不然他可能會覺得自己被指責。

第二，必須使用精準的字彙。克制使用「你」這個單字，也避免使用籠統曖昧的單字，因為這類單字無法確實傳達自己的情緒。

第三，必須積極展現出想協助和和好的意圖。如果一味強調和指責對方的錯，反而會引起爭執。

第四，表達時必須以對方的行為影響到自己的情緒為重點，而不聚焦在對方的行為如何如何。

希望大家可以留意以上四點，嘗試表達出自己的狀況、行為、情緒和請求。表達情緒時，要記得使用「I message」而非「You message」。只要記得「I message」的原則，持續練習溝通的方法，就會發現衝突發生時的溝通並沒有那麼難。

把聊天的主導權交給對方，然後仔細傾聽他所說的話。

溝通時把主導權讓給對方的好方法就是「提問」。當我們向某個人提問，對方就會思考應該怎麼回答，並且得到可以說自己事情的機會，那麼聊天的主導權就回到對方身上。仔細傾聽對方說的話，並做出適當的反應，讓他說的內容變得更有趣，那麼聊天的過程就會非常和諧。

如果沒有特別的目的，只是單純交朋友，光是積極聆聽並提出問題，也能讓溝通順利進行。不過，若遇到必須向對方銷售物品，或是需要以自己的主張說服對方，這種帶有特定目的的談話，光是瞄準時機提問題是不夠的，還需要符合目的且謹慎設計溝通策略。

在公司需要說服主管時，我經常使用下列這種溝通策略：首先，我會先營造讓主管對我主張有興趣的氣氛，接著不著痕跡地提出我的主張，最後把談話的主導權交給主管。為了讓主管能迅速做出決策，我也會直搗核心地提出我的意見，最後再交由主管做最後的決定，讓他覺得自己做了重要的決策。像這種溝通策略不但能夠讓我達到目的，也能滿足主管。

有一次，公司的茶水間需要重新裝潢，於是我準備了三種設計向主管報告，其中我想積極推薦第一個提案，於是在向主管報告提案時，我說：「次長，我向幾位同事詢問了茶水間的意見，第一個提案最受大家歡迎。」

我提出事先詢問其他同事的結果是第一個提案反應最好，以具體的根據營造出我想推動第一款設計比較適合的氣氛，接著提到我的意見：「我也喜歡第一款設計。」最後以一種請主管做出最終決定的感覺，詢問他的意見：「想請問次長您比較喜歡哪一款設計呢？建議用哪一款設計來重新裝潢比較好呢？」

像這樣和主管對話，大部分主管都會欣然同意我的意見。站在主管的立場上，他可以快速做出滿足所有部門同事的決定，我也得到我想要的結果。最後的決定讓我們的意見既不會發生衝突，又能滿足彼此的需求。

卡內基在《卡內基溝通與人際關係：如何贏取友誼與影響他人》（*How to Win Friends and Influence People*）一書中提到，大部分的人有八種欲望，其中最難滿足的就是「想成為重要的人」的欲望，因為我們總是渴望得到別人的認可和關愛。

當我們和其他人建立關係和溝通時，都會本能地展現出「希望自己被當成重要的人」。看著主管滿意自己的決策、轉身離去的身影，就能看出人都想被認可為重要的人。抓住談話的主導權，或擁有談話的決定權，可以讓自己駕馭自己的人生，同時認知到自己是人生的主宰。因此，「成為對方重要的人」是本能上的欲望，也是自我滿足的重要條件。

提問、傾聽，將談話的主導權讓給對方；或是以設計過的溝通策略，將決定權讓給對方。表面上看來好像屈居下風，但是像這樣充滿智慧的溝通法才能讓我們得到最後的勝利。想達成目的，又能夠滿足對方，就用聰明的方法來溝通吧。

練習退一步看事件的全貌

看不見盡頭的高坡和階梯，總讓我們感到不安和痛苦。

很多人認為人際關係很難，癥結就在人際關係之中的衝突。這種衝突任何人都無法擺脫，因為在人生的道路上，衝突是永遠也解不完的人生習題。歷經衝突就像爬山攻頂，一定會經過的山坡或階梯；長大的過程，都會先學習用雙腳走路的方法、開口說話，然後上學、出社會。所以，「成長」必然會遇到衝突，這是人生必經之路。

看不見盡頭的山坡和階梯會讓我們感到辛苦，源自人與人之間的衝突也會動搖我們的人生，讓人想完全放棄一路走來努力達成的所有事。

如果每個人都擅長溝通，預防衝突發生是再好也不過。可是，我們無法不犯錯或沒有任何嘗試錯誤的機會，就瞬間領悟所有的事。人生路上，一定會經歷衝突，但每一次的衝突，都會讓我們變得更堅強。溝通也是如此，在溝通中面對問題，從中得到領悟，再加以練習再應用，這樣就可以加強溝通能力。「長出溝通的眼睛」，指的就是溝通的「洞察力」，為我們的人生增添溝通的動力。

公司在每年三月一日會公布升遷名單。過去幾年，我的人事考績都不太好，所以我想這次升科長一事大概也無望了。終於到了名單公布的日子，我抱著僥倖的心態在名單上尋找自己的名字——果然不出所料，名單上沒有我的名字。雖說「不期不待，不受傷害」，但是真的面臨被淘汰的現實，我的心情還是不太美麗，當天工作格外無法專心。

當其他人沒有獲得升遷，我總不以為意地覺得：「人生，難免嘛！」當自己遇到同樣的情況，我卻完全無法控制自己的情緒。表面上一副毫不在乎的樣子，內心卻非如此。那一陣子，我就像洩了氣的皮球，終日鬱鬱寡歡。

當我也成為沒能升遷的「那個人」時，我才看清其他同事的處境，也才明白其他同事過去在升遷上飽嚐苦果的立場和心境。看著已經兩次都沒能升上科長的同事，我心想：「我才經歷一次就這麼難過了，他一定更難受。」雖然無法升遷，但是打開了觀察身旁同事和事物的眼光，也算是小小的安慰吧。

出言安慰一點也不困難。當其他人升遷失敗時，我總是從容地安慰著心裡難過的同事。有時候，我說著自認為溫暖的話，同事還會向我道謝，表示自己因為我而得到不少安慰。然而，當我也處在同樣的處境時，我卻覺得混亂：「為什麼同樣的情況發生在我身上，我卻無法像看待別人的事一般客觀以對呢？」

苦思良久才終於明白。發生在自己身上的事，摻雜了我的個人情緒，所以無法客觀看待。相反地，事情發生在別人身上，少了個人情緒，就能理性看待，客觀地面對現實，眼光也能放得更遠，安慰別人自然更輕鬆。

如果有人找我們商量自己的煩惱，我們通常會表現出彷彿自己是專業的心理諮商師一樣和對方積極討論，並在對方能夠接受的限度內，熱情地給予協助。此時，無論是平常很會說話的人，或是不擅言詞的人，都可以冷靜地和對方溝通，有時候還可以大膽地給予建議，讓對方能夠以正面的態度看待自己的煩惱。

我們之所以能夠沉著聆聽對方的困難，自然而然地給予必要的建議，是因為我們不是當事人，而是站在第三者的立場上。所以，當我們經歷痛苦，或遇到衝突的關係時也應如此。為了順利解決衝突，我們必須帶著第三者的視線，練習退一步來看事情的全貌。

舉例來說，如果我的人際關係不順利，或身處微妙的緊張狀態時，就練習把衝突的狀況當成電視劇或電影場景來看。如果是公司的同事之間發生摩擦，就試著以第三者的立場問自己：「如果我是公司的社長或他們的主管，我要如何解決這個情況呢？」只要從第三者的視角來看問題，就可以避免事情愈演愈烈，也可以想到更正面且多元的解決方法或協調方式。

我們需要拓展自己的視野，看向高處的樹林，而非專注於眼前的樹。當爬到山頂往下俯瞰時，就會發現一路走上來，讓我感到辛苦的無數山頭和階梯都不算什麼了。之後當我在攀爬其他山，即使遇到相同的山坡和階梯，我也有自信能夠順利克服。相同地，當我們在人生這座高山上，俯瞰現下遇到的問題和衝突時，能夠把這些想成是每個人都會經歷的一個關卡，那麼心裡就會覺得輕鬆自在許多。

如果想更了解自己的情緒，以更客觀的眼光看待每個狀況，可以試著透過情緒日記或溝通日記，抒發心情，之後再回頭看自己寫下的那些文章。當情緒的位置空下來，就能以理性來填滿，讓自己進步到能夠看清所面臨的情況。當其他人發生和我一樣的情形時，試著問問自己：作為第三者，自己會對他說什麼話？這樣一來，就能自然地想出解決衝突的方法，培養出以不同角度看待事情的眼光。

如果因為不安和恐懼，把事情想得太嚴重或太複雜，最後只會苦到自己。為了讓自己保持客觀，不被情緒左右，平常就要時時管理自己的情緒和心理狀態，在生活中練習退一步看事情的全貌。

以仔細審視自己的一天，避免重蹈覆轍，也可以幫助我們整理當下的情緒和複雜的思緒，更有助於消除當天的壓力、不安和煩惱。

為了和公司主管、同事、妻子或親友，能維持良好的關係，我每天都會寫溝通日記。每天貫徹執行確實很難，我也是經過幾次試錯後，才養成每天固定寫溝通日記的習慣。在這個過程中，我發展出了自己的祕訣，也切身體會到溝通日記帶來的變化。如今，寫溝通日記已經成為我一天中不可或缺的行程之一。

一般來說，我不會花太多時間寫溝通日記，只需要十分鐘左右。忙碌的時候，我可能只花三分鐘寫一兩句話或簡單的關鍵字。剛開始，我都會拚命地寫；現在則會視狀況輕鬆地寫。「能夠持續實踐」才是重點。我大多在睡前寫溝通日記，回顧一天後寫下日記，就像把亂七八糟的房間收拾乾淨一樣，心裡也會跟著放鬆。整理好一天，自然而然就會預想和準備明天。

溝通日記沒什麼特別，只要想成是在寫我們熟悉的日記，或是在月曆上標示重要的行程即可，也可當作在記帳。如同寫一般的日記，主要記錄一天所發生的事情；

唯一不同的地方就是，以記錄下來的事情為出發點，進一步對自己提問，反省自己的溝通過程。

「今天和公司同事溝通時，有沒有發生什麼問題呢？」

「今天有做到正向溝通嗎？」

對當天的情況提問，得到當天的反饋。有時候，自己可以找到答案，有時候則需要反覆咀嚼和反省，思考如何不再犯下相同的錯誤。稱讚自己做得好的地方，如果遇到傷心或難過的日子，也可以用日記和自己的內心溝通，了解自己的狀況、安慰自己。

寫溝通日記的時候，有一件事要特別記住，就是結尾一定要「帶著感謝」。如果那天和主管的溝通很不順利，必須先說出自己的情緒，將情緒原原本本地表現出來後，接受自己的情緒。等到稍微冷靜之後，再來回顧一整天和自我反省，對自己提問，轉換想法。思考需要改善的地方，最後以感謝作結。例如：

「主管讓我心情很糟。我實在無法理解為什麼他要對我說那種話和做出那種事，我真的很生氣。明明他也犯過很多次一模一樣的錯，為什麼要把氣出在我身上，氣死我了。」——**（承認自己所感受到的情緒）**

「仔細想想，我也不能只怪主管。是我犯錯在先，我必須再檢查一次，以免日後又遇到相同的問題。雖然我覺得今天我不該被如此對待，但是我的確佩服主管明辨事理的能力。」——**（回顧整體狀況和反省）**

「今天的經驗會成為以後的助力，雖然是疲憊的一天，但我很感謝又學到了一件事。」——**（以感謝和領悟做為結尾）**

練習正向思考，每天累積感恩的心，日後再次遇到一樣的事情，表情和心態也會跟著改變。當我開始每天持續寫溝通日記之後，我了解到為什麼自己一直無法和主管好好溝通，為什麼我們會一再因為類似的問題發生摩擦。我也看出我和妻子之間摩擦的脈絡，了解到我們之間的差異，也找到每次聊天時我們起衝突的根源。

雖然面對自己的缺點並找出改善的地方，既不舒服又困難。俗話說：「萬事起頭難。」只要花點時間熟悉，漸漸地就會發現沒什麼大不了的。

自從寫溝通日記後，我愈來愈能夠順利和自己溝通，也改善了自己與其他人的關係。這讓我想繼續寫下去。我真切地感受到，**當我寫下愈多的溝通日記，我的人生也改變得愈多**。我可以肯定地說，寫溝通日記是會讓所有溝通變愉快的最佳習慣。

chapter

5

溝通的差異創造人生的差異

我們都想和人們建立親密的關係，那是幸福的首要條件。[41]

——艾倫・狄波頓（Alain de Botton）

每件事都能順利解決的溝通力

每個人的人生都有像通過黑暗隧道般的時候。

如果環顧四周，你會發現有些人無論做什麼都很順利。這些讓人羨慕的對象可能是進了知名大企業的朋友，可能是以興趣養活自己的事業家，可能是相知相伴的夫妻，也可能是兒女成雙的美滿家庭。

我觀察了我的父母，發現他們做每一件事都很順利。在那個忙著養家餬口飯的年代，父母也跟大多數的人一樣，沒有多餘的時間和孩子們溝通，畢竟他們也是第一次當父母，難免在許多方面感到尷尬和生疏。但是當我年紀漸長，踏入社會之後，經常對父母刮目相看，尤其是父親傑出的對外溝通能力。

雖然我的父親在家中不多言，與孩子的感情也稱不上融洽，卻很喜歡到處串門子，連母親都常打趣說他愛「趴趴走」。正因為很善於交際，整個順天幾乎沒有人不認識他。小的時候，家裡常招待客人來吃飯，而不管對方來的時候表情如何，和父親喝酒聊天後，離去時總是帶著愉快的表情回家。

童年時，我對家裡的客人總是絡繹不絕感到很新奇。平常家裡非常安靜，和親朋好友造訪時熱鬧的氣氛截然不同，這種反差有時甚至讓我感到混亂。如今，我算是理解當時的情況了。那個年代日子並不好過，也沒什麼舒壓的方法，「和別人見面交流」是他們唯一能夠重獲活力和得到療癒的方式。

藉由和其他人互動所得到的能量，幫助他們撐過辛苦的日子。他們傾吐生活上的難處，同病相憐、互相取暖，心裡進而得到安慰。從彼此交流的情誼和充滿人情味的談話，獲得了在疲倦的生活中能夠繼續前進的原動力。

我從那輩人的生活，驗證了「人會帶來好運，人脈就是資產」這句話的真諦。

41．取自艾倫．狄波頓二〇一五年於韓國的演講中，引用伊比鳩魯（Epicurus）的快樂的三個必要條件：「友誼、自由、思考」。

喜歡與朋友相處，無微不至照顧親朋好友的爸媽，幾年前在朋友的幫助下，開啟了柿餅事業和園藝造景事業。這些新事業讓家裡的經濟狀況大為好轉，甚至還有餘裕把老家的舊宅拆除，蓋了新房子。

每次我回老家，都會發現爸媽的朋友不斷送來補身的食品或各種珍稀良品。這些都是因為，凡是身邊的朋友遭遇困難、前來尋求協助，我的爸媽總是二話不說給予精神或物質上的幫助，多年來所結下的善果。

每件事都很順利的人，身邊都一定會有好人。反之，諸事不順的人，多半和身邊的人有關係上的問題或摩擦，例如：和公司主管或同事、父母或兄弟、配偶之間的關係並不圓滿。雖然好運會因人而來，但也常會帶來意料之外的危機，例如：被認識多年的好友詐欺，被好不容易敞開心胸的人背叛。

每個人的人生都有像通過黑暗隧道般的時候，危機總是突如其來，屋漏不打緊、還偏逢連夜雨。如果身邊沒有可以吐露心事的朋友或值得信賴的人，這段日子只會過得更加辛苦、難受。但是，只要有一個人相信、支持，我就能過熬過艱辛；只要有人能安慰我、願意陪伴我，那麼我就有機會從看似沒有盡頭的危機隧道中逃脫。

每個人都可能遇到做什麼事都不順利的時候。當事情的進展不如預期，或覺得自己的人生不順遂時，偶爾會想和身邊的人保持距離，甚至不想見到熟識的親朋好友。我也曾因自卑和被害妄想作祟，讓我想從人群中逃開，因為和其他人溝通實在是太難了。當時的我，甚至飽受社交恐懼症的折磨。

我的第一份工作，因為和主管相處受挫而辭職；即使換到另一間公司，還是如宿命般地遇到又一個性格類似的主管。職場生活難熬，當時我想「至少婚姻生活穩定就好」；殊不知，妻子與我因為成長環境截然不同，個性和價值觀也天差地遠，矛盾愈演愈烈到後來幾乎每天都在吵架。我們本來是為了幸福而走在一起，可是彼此靠近後卻沒有一日過著安寧的生活。

就當我以為生活不會更糟時，我原以為絕對不會發生在我身上的事情也如噩耗般降臨——被自己熟識且認為善良的人騙了一大筆錢！我就像傻瓜一樣，即使和人相處很痛苦還是輕易就相信別人，喜歡與人交流。有時候，我也會怨嘆：「為什麼盡是些奇怪的人來糾纏我？」

本來我敞開心胸，是為了能和別人好好相處，但發生這些事卻讓我再次把心門牢牢關上。以前的我，初識新人會先從他的優點看起，但不知從何時開始，當對方釋出善意時，我會忍不住先抱持懷疑的態度。

老子有云：「飄風不終朝，驟雨不終日。」在不幸的深淵裡，愈努力掙扎似乎愈容易陷得更深，但好在即使是暗無天日，也終究會露出曙光。自從我開始每天至少和自己對話十分鐘，並學習如何和他人溝通後，我在人際關係上的困難相對減少，心情和狀態也跟著改變。隨著和他人的衝突和摩擦減少，我更能夠全心全意地專注在工作上，覺得做任何事都很順利。

以前，我和主管溝通時發生衝突的次數，一個月大概有四到五次，但現在已降低到一個月一次左右。在我開始學習溝通前，每天上班都抱著緊張和不安的心情，因為我不知道什麼時候、又會因為什麼原因，和主管發生衝突。現在我可以從容自在地檢視一天的行程，制定好溝通策略再上班。

我和親朋好友、家人的關係也改善了。**凡事我都先以對方的立場思考，如果怎麼想都還是覺得心裡有疙瘩，我就會向對方坦白說出自己的立場和情緒。**透過和自己的對話，持續了解自己的想法和當下的情緒。比起看人臉色或平息當下不安的狀況，我傾向跟隨自己的意志行動。每天只花十分鐘學習溝通，讓我原本眼前一片黑暗的人生，就此變成舒適宜人的風景。

大部分讓人生感到痛苦的問題，皆始於人際關係。與他人維持良好的關係，才能讓日子好過，也會大幅影響生活品質和幸福指數。試著看看身邊的人，看看那些做什麼事都很順利的人、身邊總是圍繞著人群的人、幸運又充滿活力的人，你會發現他們都有屬於自己的溝通能量。

我也是在擁有溝通能力後，人生才變得有趣起來。隨著溝通的力量日益成長，自己也覺得很開心。本來我只是迫切地吶喊著：「讓我免除人們帶給我的痛苦吧！」不知不覺中，我已經在享受人們帶給我的幸福。這也讓我了解到一個事實，就是：**那些做什麼事都很順利的人，他們一定都具備溝通的能力。**

我和叔叔的關係可說比父母更親密，彼此相處沒有任何隔閡。那個週末我去拜訪他，我們來到市場內一間陳舊的豬腳店。幾塊豬腳、幾杯燒酒下肚，我就開始有點醉意了……

「結婚之後，過得開心嗎？」叔叔隨口問了我一句。

原本我一直不敢跟別人說的事，就在這句問句下脫口而出：

「叔叔，我不久前和太太離婚了。」

我猜叔叔應該早就知道了。因為他沒有露出驚訝的神色，反而問我到底發生什麼事。等我一一說完，叔叔表示他尊重我的決定，並且站在我的立場與我感同身受。等我稍緩緊張情緒、比較放鬆之後，他才點出我應該要更為妻子著想的地方。

作為人生的前輩，叔叔和我分享了他的經驗，他的話也讓我感到安慰。叔叔告訴我，這些事剛開始肯定難以啟齒，但是以後不管遇到什麼事，都不要悶在心裡，一定要和家人商量，至少可以跟他說。畢竟，心裡難過或遇到困境時，陪在身邊的也只有家人了。

和叔叔毫無保留地聊過之後，我感到無比舒暢，不知不覺也產生了自信。說來奇怪，叔叔沒告訴我什麼特別的解決之道，已成定局的事也不會重新來過。他只是認真地聽我說話，將我的情緒投射在他自己身上、站在我的立場與我感同身受。但對當時獨自承受一切、不知所措的我來說，這場談話就像大旱中的甘霖。原來感同身受，竟能使對方的心裡掀起如此激盪的波瀾。

同理心，在字典上的意義為「對他人的情緒、意見、主張等感同身受」。叔叔的同理，讓我的狀況好轉許多，也讓我更快平復心情。一個人的真心安慰，真的有很大的力量。當感到難過孤單的時候，只要有人能在一旁靜靜陪伴，就能帶來很大的力量。如果對方能了解我的情緒和心情，和我聊聊天，那麼幾乎就能療癒這受傷的心靈。而曾經體驗過這股力量的人，往後也會更樂意伸手幫助和自己一樣需要同理心的人。在懂得感同身受的瞬間，就會打開新世界。

不過，感同身受並不容易。因為別人的情緒，不一定是我經歷過的事，也可能無法產生共鳴，語氣和話句傳達的溫度也會隨著接受的人不同而有不同的效果。

要和意見相左的人見面時，縮小彼此的想法差距或認同對方的意見並不容易。雖然每個人的想法本就會因生活方式或價值觀而異，但是當自己真的面對這個情況，通常感性會優先於理性而產生抗拒感。因此，要讓彼此能夠想法一致、感同身受的成功機率幾乎是零。

根據哈佛醫學院「腦科學研究」指出，同理心可以藉由「學習」來養成。當你帶著最大的決心，想要了解和推測對方的心情，那麼在這場談話中就會認真傾聽對方的話；當對方也感受到你正用心傾聽自己，就能放鬆地說出自己的事。如果你也有類似的經驗或感受，不妨將這個事實告訴對方，這有助於彼此產生更深的共鳴；如果沒有類似的經驗或情緒，就專注看著對方的雙眼，因為你的認真專注，對他來說已是很大的安慰。

同理，首要仔細聆聽，接著則是陪伴。同理傾聽能使不安的人穩定思緒，讓崩潰的人重新站起來，讓沉寂的人再次動起來，讓正在哭泣的人展露笑顏。但在積極聆聽的過程中，也請避免太過急著展現自己的同理心。如果勉強將對方的情緒轉移到自己身上，或是假裝感同身受，反而會在談話的過程中造成反效果；說出來的話如果沒有真心，也可能無意間傷害到對方。因此，如果想真心地對他人感同身受，就必須先坦誠面對自己的情緒。

我們習慣於壓抑生活中的許多情緒，長期被灌輸和教育：「忍耐、不計較就是美德」，潛移默化到無法流露真正的情緒，習慣把情緒隱藏起來。如果我們不先練習對自己的情緒感同身受，當然也很難設身處地為他人著想，與他人感同身受。因此，平常就應該觀察和了解自己的情緒，不斷地練習。多看書或電影、表演，透過間接體驗感受各種情緒和情境，提升自己的同理心。

累積對他人展現同理心，或從他人那裡感受到同理心的經驗，會使我們看待這個世界的視野變得更寬闊、更多元，也會更懂得安慰他人。自從那天和叔叔聊過之後，他的同理心帶給我溫暖，讓我得以慢慢擺脫離婚的傷痛。我獲得了足以克服這一切的勇氣，也領悟到凡事應以自己的想法和決心為重。

因為這段離婚的經驗，讓我對於為關係失和所苦的人更能感同身受。在我親自經歷離婚之前，我都認為離婚是別人的私事，對離婚這個決定多少帶著保守的觀念。但是現在我知道了，**離婚只是一個人活下去的面貌之一，也是讓自己過得比之前更好的選擇之一**。我這才深深了解到，自我設定的框架人生並非永恆，也並非人生的全部。

這世界上任何事都有代價。離婚帶給我離別的苦澀，但也帶給我人生的甜美，讓我懂得以真心了解他人並感同身受。在我懂得感同身受的那一刻，新世界也就此展開。希望未來當你需要有人與你感同身受時，你不會只有一個人。我也期許未來這世界更溫暖，有更多人被理解，也有更多人懂得付出同理心。

溝通是未來不可或缺的力量

溝通對人類來說，是生存的祕訣，也是進化的武器。

溝通不良不僅會對個人造成不幸的影響，也決定了大企業的續存與否。二〇〇〇年代，Nokia 的市占率達百分之四十、營業利益率也達百分之二十，是世界排名第一的手機企業，組織不斷壯大。然而，陶醉於成功的 Nokia 漸漸忽略與客戶的交流，官僚的制度和垂直式的決策結構，也切斷了員工階層和主管階層之間的互通。二〇一二年，Nokia 一年的赤字超過五兆韓元，市占率跌至百分之二。

過去本就競爭激烈的生活，在資本主義社會的急遽改變下，變本加厲到只剩無止境的競爭，彷彿只有第一名才有能見度，想要生存就得贏過所有人。這樣的經濟發展形成了隱形的階級制度，將人們劃分成強者和弱者、有錢人和庶民。

韓戰爆發時，韓國是全世界最窮困的國家之一。秉持著勤勉務實的國民精神，經濟快速發展，四十年後便躋身為經濟強國，成為亞洲的已開發國家[42]，至今已是國際矚目的隱藏強國。然而，快速的經濟成長帶來經濟奇蹟，卻也帶來了與這份榮耀等重的副作用。我們在無限競爭的社會潮流下漸露疲態，儘管生活便利富足，但是國民的幸福指數卻日益下跌。

根據聯合國永續發展網站（SDSN）公布的《二〇一九聯合國世界幸福報告》（2019 World Happiness Report），韓國的經濟在全球名列前茅，但是整體幸福度卻有倒退的趨勢。這份報告體現出，資本主義整體社會的經濟富裕，並不等於幸福的標準。時間一久，資本主義的副作用愈來愈明顯，這也是近年來，全球興起更重視群體幸福的互助式資本主義，鼓勵共好而非無限競爭。

現在正值第四次工業革命的時代，專家們異口同聲地強調分工合作和溝通的重要性。「第四次工業革命」簡單來說就是製造業和資訊通信技術的融合，製造汽車的製造業與具有資訊通信技術的企業合作所誕生的產物：「自動駕駛汽車」，是極具代表性的例子。

資訊通信技術使道路上顯示紅燈，當車子接收到紅燈的訊息便能自動判讀，使車子停下來；沒有資訊通信技術，汽車遇到紅燈無法自動靜止。凡此種種跨領域技術結合的時代，已然到來。

現今這個時代已經無法靠無限競爭讓單一的技術成長，而必須透過共同成長的社會氣氛與異業合作，才能創造出強大綜效。跨領域合作將深化彼此原有的領域，不同領域之間的合作與融合也會再反饋至原產業，提升各自的技術與發展前景。為了因應時代的潮流，我們必須跳脫現在的溝通形式，朝向「再進化溝通階段」前進。

作為未來的領導者，溝通是必備的能力。世界主要的開發中國家、標竿企業都在努力培養擁有溝通能力的人才。主導世界經濟的美國，也開始在教育上導入４Ｃ體制，也就是：溝通能力（Communication）、合作能力（Collaboration）、批判性

42・二〇二一年第六十八屆聯合國貿易和發展會議（UNCTAD）已正式認定韓國為「已開發國家」，也是五十七年來首次有國家升格。

思維（Critical thinking）、創造力（Creativity）。

韓國主要大企業的徵才基準或人才的需求樣貌，也正在改變。其中最大的變化就是，企業紛紛表示希望能徵聘到擅長合作和溝通的人才。根據大韓商工會議所（KCCI）調查顯示，百大企業所需要的人才首選項目，已從二〇一三年位列第一的「挑戰精神」，於二〇一八年轉變為「溝通與合作」。有趣的是，在二〇一三年時，溝通與合作雖然也是企業主的考量之一，卻僅僅排名第七。由此可明顯感受到時代的趨勢與變化，比起挑戰與競爭，現今更看重的是溝通。

Nokia 帶給我們的教訓是，企業的問題有百分之七十是由溝通障礙所引起，經營者每天有百分之七十的工作時間都用在溝通上，若說「溝通與合作」能改變一家企業的命運也不為過。「是否善於溝通與合作」，理所當然成為企業徵才時的重要考量，畢竟這是劇變的時代中，決定企業在未來能否存續的關鍵之一。

我們公司不久前也為了讓所有同事都能溝通無礙，營造更輕鬆的工作環境，撤掉主管的辦公室、並拿掉了區分各部門所用的隔牆。不只調整公司的硬體環境，甚至還廢除了等同位階基準的職級別，並在公司宣導同事之間互稱名字或加上尊稱的文化。[43]

拆掉辦公室的隔牆和改變彼此稱呼，不只發生在我的公司，而是已逐漸形成當代企業文化的新潮流。世界知名的優秀企業如GE[44]、麥當勞、三星等，也為了活化社內的溝通，不斷努力改革。因為在強調合作和革新的時代裡，位階和僵化的組織文化會使溝通複雜化且降低效率，有彈性且迅速的溝通更形重要，企業的盛衰興亡就掌握在溝通的品質和速度。「溝通」儼然成為小至影響個人的人生，大至影響共同體和企業，甚至國家和世界的關鍵字。

智人（Homo sapiers）在和其他無數人類展開生存競爭後，成為唯一存活下來的現代人類。可是智人的腦容量與體型明明比其他人類小，也不會使用工具和火，

43．韓語寫作「님」，是稱呼對方時所使用的尊稱，比一般常見的「씨（ssi）」的尊稱還要更尊敬。通常「씨」多用來尊稱與自己年紀相當或比自己小一點的人，若遇到比自己年紀還大的人，則不適合用「씨」來稱呼對方。

44．General Electric Company，美國奇異公司，經營領域包括電子工業、能源、運輸、航空、金融等跨領域服務。

最後卻是他們存活了下來，究竟是為什麼呢？雖然包含很多原因，但是其中最為關鍵的原因是，智人採氏族制社會，語言發達，持續和外部締結關係和溝通。由此可證，對過去的人類來說，溝通是生存的祕訣，也是進化的武器。

在第四次工業革命時代，為了進一步加速和深化跨域複合的創新，溝通是未來不可或缺的條件，也是未來人才最重要的能力和關鍵。溝通是密切連接我們人生中許多部分的最基本要件，它擁有無窮的力量，能使人生成長、更趨完整。

如果你現在的人生因為溝通不良而不幸，也絕對不要灰心。將過去留在過去，從現在起開始慢慢地學習溝通即可。溝通的能力只要透過反覆練習就會進步。就像養成生活習慣一樣，把學習當作一般的日常。想讓辛苦的人生走向更有彈性且幸福的道路，就開始每天十分鐘的溝通學習吧。你要做的不是追趕快速變遷的時代潮流，而是乘著時代的浪潮，培養並強化溝通的能力。

我想做的不只是為了自己的生存和發展，我更想告訴未來的主流世代「溝通」有多重要。我希望學校或團體組織可以營造重視溝通的氛圍，打造培養溝通能力的教育環境，讓孩子們可以過得更幸福，並展開圓滿順利的社會生活。我也希望他們能夠鍛鍊溝通能力，主宰自己的人生、過著開心的生活。

人人都可以是溝通高手

溝通的缺乏使我動起來，也打開新的道路。

長大後出社會，我因為人際關係上的問題面臨人生危機，溝通能力成了我最大的匱乏與缺點。但也因為這樣，才使我興起想精進溝通與改善人際關係的念頭。以前總認為溝通很辛苦、人際關係很難的我，義無反顧地將這份缺乏轉化為新的人生學習後，有時候我甚至會覺得發生的一切，似乎都是為了幫助我正視「溝通」這件事。因為這份匱乏使我動起來，打開新的道路；原先的缺點使我認識真正的自己，使我變得更堅強。

即使工作再忙，只要一有空我就會練習關心和調適自己的心情、情緒以及心理狀態。閒暇時，我也會閱讀關於內在小孩、自我肯定或人際關係、對話溝通等書籍。

除了書籍外，我還主動找來與溝通相關的影片，並堅持在睡前寫溝通日記，回顧自己的一天。

就這樣，我持續執行了六個月左右的每日溝通學習，這件事也自然而然成為身體熟悉的習慣，成為我每天的日常。我不但培養出懂得觀察事情全貌的視野，也提高了溝通學習的層次。

過去兩年的生活，我的時間都是為了溝通而存在。現在的我，即使遇到剛認識的人，或面對和我個性不合的人，也能比以前更自在。我多了可以和任何人順利溝通的自信心。自信可以增加個人魅力，也會帶來好事。這種成就感就像是國小時，超越既羨慕又同時是競爭者的同學。透過溝通學習這項人生課題，讓我感受到人生的成就感。

人際關係變得順利之後，我很開心終於能專注於自己的人生；身心得到平靜後，我的生活品質和每天的幸福指數也跟著提升。

現在的我，透過部落格和 Instagram 等社群媒體，分享與溝通相關的資訊、知識、經驗、領悟、祕訣等內容。當我透過社群媒體與他人互動後，才發現原來有很多人像過去的我一樣，因為溝通不良而感到痛苦。

我只是一個平凡人，擁有一般成人的智商，講話也不是特別有條理，在我開始寫溝通日記前，我從未好好寫過一篇文章。可是我的人生危機卻成了轉機，我認真耕耘溝通這塊領域，不僅使我的人生產生了變化，也使我進一步成為許多人的溝通助手，幫助他們實現過得更幸福的人生願望。我相信人人都可以順利與他人溝通，只要願意培養溝通能力，就能成為幸福人生的主人。就像我從未想過我會走上這一條路，我相信各位也一定可以改變自己的人生。

溝通能力即幸福人生的動力

真正的幸福就在我們和某人一起生活、交流的日常裡。

現在請你想想，至今你覺得最幸福的瞬間是什麼時候？你最先想到的是哪一瞬間呢？我想不少人應該是得到了一直渴望擁有物品的那個時刻吧？

如果你最想得到的東西僅限於物質，如高級車、有庭院的房子、高價公寓、名牌等，那麼這樣的幸福不僅得付出相應的代價，幸福感也會隨著時間的推移而急速衰退。

我們很容易在不知不覺間，習慣靠滿足物質欲望來獲得幸福感，卻又在好不容易擁有後，將一切視為理所當然。不斷循環著「吃著碗裡、看著鍋裡」，忌妒、羨慕別人擁有比自己更新或更好的產品。

我買下生平第一輛車和公寓時，幸福得就像擁有全世界。然而，這份幸福沒過多久就褪色了。當我看到朋友開著比我昂貴的名車參加聚會，當我發現朋友家比我家更漂亮、更豪華，這都讓我產生了相對剝奪感[45]。那些完全靠自己努力所實現的一切過程，都被我視若無睹。

靠金錢購買和持有物品的幸福感很短暫，因為這個世界總不乏更好看、更華麗的東西。

真正的幸福，應該是想到的時候會露出微笑的回憶，不是嗎？

開心的回憶總是令人難忘。像是和重要的人一起度過的時光，和談得來的朋友聊到不知時間流逝，和心愛的人眼神交流、肢體接觸，以及和家人邊吃美味的食物邊看電視的那些片刻。

我寫下了這篇文章時，正值新冠肺炎（COVID-19）疫情讓我們平凡的日常生活停擺。我回想起過去幸福的瞬間，想起節慶的時候，全家人溫馨地圍坐、聊天的某個晚上；想起臨時起意和老朋友嬉笑打鬧出發的某次旅行；想起等待和心愛的人約會時，感到緊張興奮的某個瞬間。其中當然也包括了，花了很長的時間，終於快寫到本書完結的此刻。我覺得很幸福。

六月的某一天，天空特別蔚藍，吹著涼爽的風，我臨時起意前往清州市的五松邑。每當我心裡感到鬱悶，我習慣到陌生的地區。那天我也帶著煩悶的心情出門，感覺被什麼牽引似地前往五松。平常就喜歡大自然的我，最先前往的地方是五松的湖水公園，抵達後才發現那天的風很舒服宜人，公園沒什麼遊客，一片寂靜。

我決定先在長椅上坐著休息，看著隨身攜帶的書。約莫過了十分鐘，有一位看起來年約八十歲的老爺爺拄著拐杖，拖著不方便的腳，坐在我旁邊的另一張長椅上。或許是好奇我在看什麼書，他開口向我搭話：「你在看什麼書啊？」

我告訴他書名並簡略地說明了書的內容後，他笑著對我說：「你看了一本好書。」之後我們聊著各種話題，交談了好一陣子，我們都很專注於彼此說的話，聊

45．明明自己的生活條件也不差，但是看到別人的生活條件比自己好，就認為自己似乎被剝奪了什麼，這種感受就叫做「相對剝奪感」。

到不知道時間過了多久。不知道是不是因為我很認真聽他說話，讓老先生也覺得很自在放鬆，便向初次見面的我吐露了最近的煩惱。

他說他有個兒子，今年五十好幾了，至今未婚。他希望兒子能夠儘快結婚，因為他的顧慮是，人一旦上了年紀會漸漸沒有聊天的對象，日子也會愈過愈孤單。他認為年紀大了會漸漸沒人來拜訪，只有和另一半話家常才能夠戰勝孤獨。最後又強調了一次：「上了年紀，最可怕的就是孤單。」

「在選另一半的時候，最重要的不是外表，而是彼此是否談得來。」

我靜靜地點頭。老爺爺最後說的話讓我想了很多……過去和主管產生摩擦而辭職、和妻子離婚等讓我感到痛苦的十多年光陰，像走馬燈似地在我腦海裡掠過。

最後，老爺爺說了句「有緣再見」，便離開了。這位突然出現又離去的老爺爺所說的話，在我心裡迴盪許久。

他不斷反覆強調，愈是走到人生的盡頭，和某個人交談或溝通就愈重要，也告訴我**能夠和談得來的人在一起，是件多麼珍貴又令人感激的事，人與人之間能夠溝**

通又是多麼大的祝福。

在陌生的地方命運般遇見如此通達人生的老爺爺，讓我那天的鬱悶一掃而空。也使我再次領悟到溝通對人生有多重要，更加確信走向溝通專家的目標是對的。

不久前，我和曾經讓我感到痛苦的主管一起吃飯。我淡淡地對他說，當時因為他的大小聲，和在眾人面前公開責備我的態度，讓我過得很辛苦。我們回想當年、聊了許多，最後帶著愉快的心情結束這一餐。

可以對過去依稀可見的傷痛回憶侃侃而談，看來我已經變堅強了，主管也對我說了謝謝，謝謝我曾經這麼努力想和他溝通。如果在幾年前，我根本難以想像會有今天這頓飯局。

當我的職場生活變得更好，我感覺到的小確幸也愈來愈多。我的身邊有樂意和我分享咖啡或麵包，對我釋出善意的朋友；在我難過的時候，對我伸出援手或為我加油的人也變多了。我結交了對我想做的事情有幫助的朋友，來找我進行溝通指導的人變多了，我覺得最近所有的事情都很順利。

雖然我只是個平凡的上班族，卻成了擅長溝通的人，每天都過著特別的日子。因為每天都過著學習溝通的充實生活，讓我對每一步都充滿不確定性的未來更感興趣，結交新朋友也讓我覺得很有意義、很愉快。希望大家都能記住，持久且真正的幸福，就在我們和某人一起生活、交流的日常裡。

結語

學習溝通變成一種祝福

我曾想：如果我能早點學習溝通就好了。這樣一來，或許就可以少經歷些波折，或避免在人生課題中寫下悲傷的結局。但是我不想為過去的事後悔或眷戀不捨，只想好好珍惜未來的日子，繼續努力。溝通不良讓我經歷了一段痛苦的時光，卻也改變了許多事，就像雨過天晴一樣，讓我在絕境中看見轉機。因為溝通不良讓我領悟到：**溝通就等於人生，培養溝通能力，才是走向幸福人生的捷徑。**

在學習溝通的這條路上，從錯誤中累積的經驗和領悟，是我珍貴的資產。我矢志成為溝通專家，也期盼能為那些和我有相同經歷的人帶來小小的安慰。不過，我還真的沒想過，喜歡看書卻從未好好寫過文章的我，會因為溝通日記的經驗，開啟寫這本書的機會。人們只要體驗過美好的事物，就想反覆經歷；只要達成目標，就想維持成功的狀態。自從我每天學習溝通後，不但身心變健康，人際關係也變得穩定。關於溝通的練習，我至今沒有懈怠、疏忽。

正如同準備考試時，愈認真準備就會發現要讀的東西愈多；當我愈勤加學習溝通，就愈能感受自己面對人生的態度不斷在改變。從溝通層面來看，我想學習的東西變得更多，想和大家分享的知識和經驗也愈多。

我們無法獨自一人生活這個世界上，必須相互扶持。所以，每天學習溝通，或許將是我這一生的課題、一輩子的宿命。但無論好壞，降臨在我身上的試煉都會因為每天的溝通學習，轉變為祝福和成長的契機。最讓我感謝和開心的一點是，自從我開始不間斷地學習溝通之後，日子過得很充實，也得到了自己想要的幸福。此時此刻，我正在心裡高喊：**「溝通即人生。」**、**「溝通能力是開啟幸福人生的動力。」**

我之所以能站在今天的位置，仰賴於讓我領悟溝通的重要性的——父母、家人、朋友、主管和同事，以及所有我認識的人。在此，我也要由衷感謝 Rain Book 出版社，讓這本未臻完美的書能夠順利問世，與各位讀者分享。

國家圖書館出版品預行編目 (CIP) 資料

你不必成為一個好人：從令人疲憊的人際關係中釋放自己 / 劉珍明著；曾晏詩譯 . --
初版 . -- 臺北市：遠流出版事業股份有限公司 , 2022.03
面；　公分
譯自：당신이 꼭 좋은 사람이어야 할 필요는 없다
ISBN 978-957-32-9400-9 (平裝)
1. 人際關係 2. 溝通技巧 3. 生活指導
177.3　　110021429

你不必成為一個好人

從令人疲憊的人際關係中釋放自己

作　　者　劉珍明
譯　　者　曾晏詩
主　　編　盧羿珊
校　　對　徐采琪
封面設計　倪旻鋒
內頁設計　萬亞雰
內文排版　菩薩蠻電腦科技有限公司

發 行 人　王榮文
出版發行　遠流出版事業股份有限公司
104 臺北市中山區中山北路一段 11 號 13 樓
電話（02）2571-0297
傳真（02）2571-0197
郵撥 0189456-1
著作權顧問　蕭雄淋律師

定　　價　360 元
初版一刷　2022 年 3 月 1 日

遠流博識網 www.ylib.com E-mail: ylib@ylib.com
遠流粉絲團 www.facebook.com/ylibfans